مقدمة في اقتصاديات الموارد

Professor Issam AW Mohamed

ISBN-13: 978-1982083915
ISBN-10: 1982083913

جدول المحتويات

جدول المحتويات 2

الجداول 5

مقدمة 6

اقتصاديات الموارد 9

تعدد الحاجات الإنسانية 10

التقدم التقني 11

التخطيط والتنمية 11

التجارة الدولية 12

أزمة المعادن والطاقة 12

أزمة الغذاء 12

السياسات الحكومية 12

أنواع الموارد الاقتصادية 13

خصائص الموارد الاقتصادية 17

التنمية الاقتصادية 23

آثار الحروب 25

تصنيف الموارد 26

مفهوم البيئة 39

تعريف البيئة 39

مكونات البيئة 41

تقسيم مكونات البيئة.......................... 42

القوانين البيئية 44

مفهوم النظام البيئي 47

النظام البيئي وظاهرة التعاقب 50

التوازن البيئي واختلاله 50

اختلال التوازن البيئي 52

علم البيئة 54

فروع علم البيئة 56

أبعاد العلوم البيئية................. 59

علاقة علم البيئة بالعلوم الأخرى 61

الاقتصاد والبيئة 64

علاقة علم الاقتصاد بالعلوم الأخرى 66

الموارد الاقتصادية وعلم الاقتصاد 67

تصنيف الموارد.................. 68

أهمية دراسة الموارد الاقتصادية 70

علم الاقتصاد والموارد الاقتصادية............ 70

اقتصاد البيئة.................. 73

وظائف الاقتصاد البيئي 75

مرحلة التنمية الاقتصادية البيئية 81

المشكلات البيئية وطبيعة النظام الاقتصادي............ 81

مشكلات البيئة العالمية ومسئولية الدول المتقدمة عنها 84

بعض المشكلات البيئية.......... 86

مشكلة الانفجار السكاني واستنزاف موارد البيئة 93

صور التلوث 102

التنمية المستدامة 127

السياسة الاقتصادية 132

أهداف التنمية المستدامة 144

مؤشرات التنمية 152

نظريات استخدام الموارد الاقتصادية 162

مصادر للاطلاع 170

الجداول

شكل:1 تجريف التربة وعواصف الهباباي..................... 13

شكل2 : سيول بسبب إغلاق المجاري الطبيعية والتوسع السكني 23

شكل 3 : نموذج منظومة بيئية متوازنة 50

شكل4 : مكونات التنمية المستدامة 139

شكل 5 : منحنيات المنفعى الحدية..................... 163

شكل 6 : منحنيات المنفعة الحدية المجتمعية والفردية في ظل آلية السوق الحر 163

مقدمة

قبل أن يودع العالم عام 1984، اهتز ضمير البشرية كلها من حلول مأساة الجفاف والموت في أفريقيا وهي المأساة التي راح ضحيتها عشرات الآلاف من الأبرياء في إثيوبيا والسودان وغيرها من بلاد القارة الافريقية. وقبيل ذلك في خلال العام نفسه، روع العالم أيضا بكارثة مصنع المبيدات الحشرية في مدينة بهوبال الهندية والتي شكلت مأساة آسيوية راح ضحيتها عشرات الآلاف من الأبرياء بفعل تلوث جو تلك المدينة كنتيجة لتسرب بعض الغازات السامة من ذلك المصنع. ومع مشارف 1985، تأتينا الأنباء من أوربا والأمريكيتين ناعية مصرع عشرات المئات من الأبرياء بفعل الصقيع والجو القارس الذي ساد غالبية دول تلك القارات. وفي سنة 1990 تصدع مفاعل تشيرنوبل النووي في روسيا والآن أزمة المياه في العالم وخاصة الشرق الأوسط وكذلك ارتفاع درجات الحرارة وذوبان الجليد في جزيرة جرينلاد بأكثر من معدله الاعتيادي ومعنى ذلك حدوث طوفان ماء عند ذوبان الجليد وتضرر المدن المحاذية للسواحل.

قد يبدو الأمر للوهلة الأولى كما لو كان ظرفاً استثنائياً، أو مصادفة سيئة لمجموعة أحداث متفرقة لا رابط بينها. ومع ذلك، فالنظرة الثاقبة للأمور التي تستقرئ التاريخ قريبة وبعيدة لابد وأن تلمح خيطاً مشتركاً يربط بينها جميعاً، وتكراراً متواتراً ينفي عنها صفة الاستثنائية ويضفي عليها طابع الظاهرة. على أن تفاعل الإنسان مع الطبيعة أو صراعه الدائم لقواها وعناصرها المختلفة هو الصراع الذي شكل تاريخ البشرية ولا يزال ورغم ما قد يبدو من قسوة الطبيعة في بعض الأحيان. فالثابت أنه ما من معين ساهم في سد حاجات الإنسان المتعددة المتجددة وبالتالي كان سبباً في بقاء الجنس البشري واستمراره على امتداد تاريخه الطويل إلا ما كان مصدره الطبيعة. والإنسان هو المخلوق الذي ميزه الله بعقل خلاق مكنه من أن ينهل من معين عناصر الطبيعة ومصادرها المختلفة والتي

سخرها الرحمن له مطوعاً إياه لما فيه خيره ومنفعته. إن في خلق السموات والأرض واختلاف الليل والنهار والفلك التي تجري في البحر بما ينفع الناس وما أنزل الله من السماء من ماء فأحيا به الأرض بعد موتها وبث فيها من كل دابة وتصريف الرياح والسحاب المسخر بين السماء والأرض لآيات لقوم يعقلون.

فمنذ ذلك اليوم البعيد الذي وطأت فيه قدم الإنسان، سطح الأرض، للمرة الأولى وهو يأخذ بما وهبه الخالق من قدرات وبما زوده من طاقات وامكانات اختيار ما يشاء من عناصر البيئة التي يعيش فيها ويقوم بتطويعها واستغلالها وابتكار منافع منها توفر له حاجاته وتشبع رغباته. والمشاهد أن الإنسان لم يقنع ابداً بمجرد العيش بل كان يطمع دائماً في حياة أفضل ولذلك لم يعمل على سد احتياجاته الأساسية فحسب، وإنما أخذ يعمل على إحتياجاته الحضارية أيضا. غير أن الأمر المؤسف هو ما نراه اليوم في العالم بعد كل هذه القرون التي عاشها الإنسان وكل ما حققه من انجازات وما توافر له من معارف وخبرات من انقسامه مادياً وفلسفيا إلى عالمين مختلفين ومجموعتين غير متكافئتين من البشر: مجموعة غنية وأخرى فقيرة. ولقد اختلفت وجهات النظر في تفسير ذلك وتعددت وتباينت، غير أن معظمها يلقي اللوم على ذلك التزايد الهائل في عدد سكان المعمورة خصوصاً في دول ما يسمى بالعالم الثالث الفقيرة بمعدلات تفوق كثيراً معدلات النمو في مواردها الاقتصادية بحيث يبدو كما لو أن شبح مالتوسية جديدة نسبة إلى الاقتصادي الانجليزي الشهير مالتس الذي يعد واحداً من ابرز كتاب المدرسة الكلاسيكية ولقد دانت الشهرة له كنتيجة لكتاباته في المسألة السكانية والتي ادعى فيها أن العالم لابد أن يشهد كل ربع قرن ما يشبه المجاعة وذلك نتيجة تزايد سكانه وفق متوالية هندسية بينما تتزايد موارده وفق متوالية عددية.

بدأ ذلك يخيم بظلاله على العالم من جديد مهدداً بعودة أعوام الجوع التي قاسى منها في اربعينات القرن الماضي الكثيرين. ولذلك يخش هؤلاء المتشائمون من قرب اجتياح مد الفوضوية المشبع بالدم الذي

لابد وأن يسوق إليه ملايين الجياع الجدد تحت اعتقادهم بأن العدل يقتضي أن يشرب الكل من نفس الكأس. ومع ذلك، ففي نفس الوقت الذي يصرخ فيه الكثيرون في مواجهة مأساة ندرة الموارد وانفجار السكان، وتكثف وسائل الإعلام برامجها للحث على تحديد النسل تبرز وجهة نظر مخالفة تبشر باقتراب والتحذير من الموت جوعاً الفجر. ويؤمن أنصار هذه النظرة بأن الندرة خرافة والجوع صناعة. وكل تلك المخاوف إن هي إلا خزعبلات يروج لها المستفيدون من الأغنياء في الدول المتقدمة حتى تنتعش هذه الصفوة على حساب ازدياد الفقر في العالم الثالث فقراً. ويتبنى هؤلاء المتفائلون فلسفة خاصة بالموارد هي الوفرة والكفاية. وإن موارد العالم حالياً تزيد عن حاجته وأن النقص فيها إنما يرجع إلى سوء التوزيع أولاً، وإلى تخلف الخبرات والمهارات وفنون التقنية ثانياً فرغم أنه يولد في كل عام مئات الآلاف من البشر فيضيق العالم على سعته بهم، إلا أنه في الوقت نفسه تولد كل عام مئات الأفكار والمخترعات ويزيد أفق المعرفة.

الذي لا شك فيه أن مشاكل البيئة وتأثيراتها الإيجابية والسلبية على الإنسان، قد أضحت قضية العصر التي تشغل اهتمام دول العالم قاطبة. . . شماله الغني الذي يخشى انحسار تيار الرفاهية والرخاء الذي ينعم فيه وجنوب فقير يحاول أن يحقق أحلامه وطموحاته وتوقعاته العالية على الأقل أن يفلت من براثن التخلف الذي يكبله إلى دوائر من الفقر خبيثة. وهي قضية العصر بحق، لأنها تقف وراء كل مشكلة يعاني منها الإنسان. وما يعرف بالمشكلة الاقتصادية التي تواجه الإنسان هي رغبات الإنسان وحاجاته متعددة ومتجددة ومتزايدة. غير أن وسائل اشباع هذه الحاجات من سلع وخدمات استهلاكية نهائية محدودة. وهي محدودة لأن المستخدمات التي تدخل في إنتاجها محدودة بدورها. وهذه المستخدمات الإنتاجية محدودة لان العناصر التي تم اعدادها لتوفير هذه المستخدمات هي الأخرى محدودة. وعناصر الإنتاج محدودة لأن الموارد الاقتصادية، التي منها تهيأ عوالم الإنتاج لتصبح مستعدة فعلاً للمساهمة في علمية الإنتاج،

محدودة هي الأخرى. والموارد الاقتصادية محدودة لأن مصادرها على الأقل المعروف منها نادرة ومحدودة بدورها. وفي الحقيقة فإن هناك مصدرين رئيسيين لكافة الموارد هما: الإنسان والطبيعة وهما يوفران كل على حدة بعض الموارد، كما أن تفاعلها معاً يوفر البعض الآخر فالطبيعة وحدها مصدر ما يعرف بالموارد الطبيعية بينما الإنسان وحده مصدر الموارد البشرية. غير أن تفاعل الإنسان مع الطبيعة إنما ينتج عنه نوع آخر من الموارد هو ما يعرف بالموارد المصنعة أو الحضارية. والداء بالفعل هو الإنسان مقابل والطبيعة وذلك صراع مستمر بينهما.

الطبيعة هي مصدر لثروات هائلة استطاع الإنسان أن يكتشف على امتداد تاريخه الطويل قيمة وأهمية الكثير من عناصرها عند تطويعها للاستغلال في إشباع رغباته، وبالتالي كانت هذه العناصر تدخل تباعاً في عداد ما نسميه بالموارد الطبيعية وبالتأكيد رغم كل هذا الكم من الموارد الطبيعية التي تعرف الإنسان عليها على مر العصور لا يزال هناك الكثير من عناصر الطبيعة التي لم يتعرف عليها الإنسان بعد، أو لم يعرف أهميتها أو كيفية استغلالها أو ماهية الحاجات التي يمكن أن تشبعها. وبالتالي فان مثل تلك العناصر تظل معيناً لثروة كامنة في حالة سكون ولا تدخل في عداد الموارد الطبيعية. كذلك فالإنسان نفسه يعد معيناً لثروة هائلة يمكن أن تحقق المعجزات لكل ما أودعه الخالق فيه من إمكانات جسمانية وذهنية. وعندما يتعرف الإنسان على قيمة هذه الامكانات ويدرك كيفية استغلالها لتحقيق نفعه، من حالة السكون ليكون عليها ليصبح مورداً بشرياً واعداً بالكثير.

اقتصاديات الموارد

اقتصاديات الموارد هو فرع من فروع علم الاقتصاد يصنف بأنه اقتصاد تطبيقي. ويمكن تعريف ذلك العلم بأنه العلم الذي يبحث العلاقة بين الإنسان والبيئة المحيطة به في إطار تحقيق

النشاط الخاص بإنتاج السلع والخدمات بما يسهم في تحقيق أو زيادة المنفعة، وفي صياغة أخري فهو ذلك الفرع الذي يبحث في كافة الهبات والمنح الموجودة في الطبيعة والتي يمكن للإنسان أن يحول محتوياتها من ثروة مكتنزة إلي ثروة ذات قيمة اقتصادية في هيئة سلع أو خدمات تسهم في إشباع حاجات الإنسان. وهنالك عوامل كثيرة أدت إلي الاهتمام بدراسة اقتصاديات الموارد أهمها:

الزيادة في أعداد السكان بدرجة كبيرة، حيث يزداد السكان بمعدل 1. 5% أو أكثر سنوياً ولا سيما في الدول النامية، وهي نسبة عالية، بينما لا تزداد الموارد بالنسبة نفسها لإعالة الأعداد المتزايدة من البشر وبالأخص في دول تشكو من الفقر. وبذلك تفرض الزيادة السكانية المضطردة علي المجتمع الدولي ضرورة الاهتمام بالأساليب التي تجعل من استخدام المجتمع لموارده المتاحة استخداما مثاليا واقتصادياً. بل وتفرض البحث عن مصادر جديدة لزيادة الموارد المتاحة لمقابلة الزيادة السكانية حيث من الواضح أن الضغوط السكانية في العديد من دول العالم النامي قد إلي استنزاف وإساءة استخدام قدر كبير من الموارد الطبيعية الأمر الذي أدي إلي انتشار المجاعات وتدني مستوي الدخل والمعيشة.

تعدد الحاجات الإنسانية

تعتمد السلع الاستهلاكية في إنتاجها علي الموارد الاقتصادية فإن تزايد معدل استهلاك الفرد من السلع والخدمات أدي إلي المزيد من القلق بشأن الموارد الاقتصادية ومدي إمكاناتها للوفاء بمتطلبات سكان العالم المتزايدة كماً ونوعاً. وأدي ذلك إلي زيادة الاهتمام بترشيد استهلاك الفرد باستخدام الطرق الاقتصادية. كما ساهم تعدد حاجات الإنسان وتنوعها في تزايد الاهتمام بدراسة اقتصاديات الموارد بما يضمن له تحقيق اكبر

قدر من الإشباع لهذه الحاجات الحالية أو المستقبلية، حيث تتسم حاجات الإنسان بأنها : متعددة ومتجددة ومتزايدة وملحة ولا نهائية.

التقدم التقني

أدي التقدم التقني إلى زيادة وسهولة اكتشاف المورد الاقتصادي وزيادة فعالية استخدامها، إلا أنه في المقابل أدي إلي زيادة إنتاج السلع الاستهلاكية كماً ونوعا مما أدي إلى زيادة معدلات الاستهلاك للفرد من الموارد الاقتصادية، ولكي يساهم التقدم في التخفيف من حدة ندرة الموارد الاقتصادية ينبغي أن يكون تأثيره علي زيادة كميات الموارد المتاحة للاستخدام وزيادة فعالية استخدامها اكبر من تأثيره علي الاستهلاك، وبقدر ما يكون التقدم التقني أكبر في أحد الاتجاهين يتحدد حجم التغير في كمية ونوعية الموارد الاقتصادية.

التخطيط والتنمية

لا يمكن لأي خطة اقتصادية أو برنامج اقتصادي أن يكون واقعياً إلا إذا اعتمد على معلومات دقيقة عن الموارد الاقتصادية المتاحة والمعدة للاستخدام. وأصبحت عملية التنمية الاقتصادية من القضايا التي تشغل بال كل من الدول المتقدمة والمتخلفة علي حد سواء، وليس خفيا الارتباط الوثيق بين عملية التنمية الاقتصادية وحجم المتاح من الموارد الاقتصادية وطرق وأساليب استغلالها ومثالية هذا الاستخدام من عدمه. لذا تستلزم عملية التنمية قيام الدولة بحصر مواردها الاقتصادية الأمر الذي يعد النواة الأساسية في وضع الخطط ورسم برامج التنمية.

التجارة الدولية

تمثل وفرة الموارد في بلد ما وانخفاض تكاليف إنتاج السلع فيها عامل أساسي لتصبح تلك الدولة مصدرة لها، أو مستوردة لها في حال العكس مما ساعد في انتشار الأسواق المشتركة والتكتلات والتجمعات الاقتصادية الدولية. وتتطلب هذه المنظمات أن تقوم كل دولة من الدول الأعضاء بحصر مواردها الاقتصادية حتى يمكن تحديد نوعية السلع والموارد التي تتمتع فيها بالمزايا النسبية والتي تسمح أن تكون محور تبادلها مع الدول الأخرى.

أزمة المعادن والطاقة

نتيجة لتزايد أعداد سكان العالم وتزايد استخدام التقنية الحديثة المعتمدة على المعادن بصفة خاصة وعلى مصادر الطاقة المتعددة التي تنتهي أي جزئية منها باستخدام تلك الطاقة كالفحم والنفط.

أزمة الغذاء

وذلك لسوء استخدام الموارد الزراعية وعدم المحافظة عليها رغم أنها موارد متجددة.

السياسات الحكومية

وهي تلك التي تسعى من خلال وسائلها العديدة للمحافظة على الموارد الاقتصادية.

شكل 1: تجريف التربة وعواصف الهباباي

أنواع الموارد الاقتصادية

هناك تقسيمات عدة وتصنيفات متباينة ينظر فيها إلى الموارد من زوايا مختلفة سنتطرق إلى أهمها وفق الآتي:

أولاً : من حيث أصلها :

تنقسم الموارد من حيث أصلها إلى ثلاثة أنواع :

1. الموارد الطبيعية : بما تشمله الأرض وما عليها وما فوقها وما في باطنها من موارد أخرى كما تشمل الصحارى والحيوانات والمراعي والغابات والطقس والمناخ والبيئة بصفة عامة. ويقصد بالموارد الطبيعية المخزون الإستراتيجي المستخدم وغير المستخدم الذي تستفيد منه البشرية وغيرها من الكائنات الحية في الطبيعة، مثل الهواء والماء والشمس والصخور والتربة والمعادن والنباتات الطبيعية والحيوانات. أي أنها تشتمل على الغلاف

13

الصخري والغلاف المائي والغلاف الهوائي وتعتبر الموارد الطبيعية هبة الله للخلق وللطبيعة أيضا.

2. الموارد البشرية : وتشمل العمل البدني والذهني والفني والتنظيمي والإداري للإنسان وكل جهد بشري كما تشمل الموارد البشرية التي في طور الإعداد للعمل والإنتاج كالطلاب والمتدربين وربات البيوت اللواتي يؤدين عملاً له تكلفة فرصة بديلة ومنفعة مباشرة للمجتمع. وانطلاقاً من هذا المفهوم للموارد البشرية أصبحت تسمى برأس المال البشري والذي يمكن تطويره بالتدريب والتعليم والإرشاد والتثقيف وبتحسين مستوى الغذاء والرعاية الصحية والاجتماعية لزيادة إنتاجيته وترشيد استهلاكه.

3. رأس المال والتقنية وهي موارد ينتجها الإنسان باستخدام الموارد الطبيعية من معادن ومصادر طاقة وخلافها لتصبح موارد اقتصادية تسهم بدورها مع الموارد الأخرى في إنتاج السلع والخدمات. كما يشمل رأس المال والتقنية بمعناه الواسع والشامل المصانع والمستشفيات وطرق المواصلات المعبدة والمدارس والمستشفيات وغيرها من مرافق الخدمات العامة والخاصة التي تسمى في مجموعها رأس المال الاجتماعي أو البنية الأساسية والتي تسهم في رفع إنتاجية وكفاءة استخدام الموارد البشرية.

من حيث أماكن الوجود:

تنقسم الموارد من ناحية وفرتها وندرتها إلى :

1. موارد موجودة واسعة الانتشار في كل مكان كالأوكسجين في الهواء والرمال في الصحارى وأشعة الشمس ولا يوجد تنافس عليها ولا يكلف الحصول عليها شيئاً مما جعلها موارد مجانية لا تدخل ضمن الموارد الاقتصادية إلا أن بعض العوامل قد تجعلها اقتصادية كالهواء النقي حال تلوث البيئة مما يجعله نادرا وله تكلفة وسعر وكذا المياه النقية في حال تلوث المياه.

2. موارد موجودة في أماكن عديدة كالأراضي الصالحة للزراعة والحيوانات ولكن نسبة لوجودها في أماكن كثيرة فهي تخضع في

سوقها لنموذج المنافسة التامة لكثرة مالكيها وصغر حجم حيازتهم منها بالمقارنة مع الكمية المتاحة منها.

3. موارد موجودة في أماكن قليلة كالمعادن بصفة عامة. ومثال ذلك كمعدن القصدير الذي ينحصر في أقاليم قليلة ومصادر الطاقة بصفة خاصة، وعلى وجه العموم فإن الموارد الموجودة في أماكن قليلة غالباً ما يخضع سوقها للمنافسة غير الكاملة وبالتحديد يخضع لاحتكار القلة. وذلك لأن وجودها في أماكن أو أقطار قليلة يتيح للدول المنتجة لها تشكيل تكتلات أو منظمات تبيع من خلالها ما تنتجه من ذلك المورد كمنظمة أوبك المصدرة للنفط.

4. موارد موجودة أو مركزة في مكان واحد وهنا تكون تلك الدولة محتكرة له احتكاراً تاماً كمعدن النيكل في كندا.

وكلما قلت الموارد الطبيعية زاد السعر، وليس من الضروري أن يزيد الطلب من حيث العمر.

تتصف بعض الموارد الطبيعية بصفة الاستمرار في عملية الإنتاج والعكس، فهي تنقسم إلى:

1. موارد متجددة وهي التي تتجدد من تلقاء نفسها إما لأنها موجودة بصفة مستمرة وبكميات كبيرة كأشعة الشمس والهواء ومياه الأنهار والبحار والمحيطات وتسمى بالموارد المتدفقة وإما لأنها تتكاثر بالتوالد كالأسماك والحيوانات والغابات والمراعي وتسمى بالموارد الإحيائية. كما يعتبر المورد البشري مورداً متجدداً يجمع بين هذين النوعين من الموارد المتجددة إذ أنه يعمل لعدد من الساعات يومياً خلال فترة عمره العملي باستثناء حالات مرضه كما أنه مورد أحيائي يتكاثر بالتوالد.

2. موارد فانية أو ناضبة وهي الموجودة في الطبيعة بكميات محدودة ويؤدي استخدامها إلى تخفيض الاحتياطي منها مما يؤدي إلى نضوبها تدريجياً، وتنقسم الموارد الناضبة إلى قسمين اثنين

أحدهما الموارد الناضبة التي لا يمكن إعادة استخدامها كالنفط أو الفحم، وثانيها الموارد الناضبة التي يمكن استخدامها مرة أخرى كالحديد والنحاس والزنك وغيرها من المعادن الصلبة الفلزية، وإعادة استخدام الموارد الناضبة يؤدي إلى المحافظة على مثل تلك الموارد ويطيل عمرها الزمني ويقلل من حدة ندرتها المتزايدة باستمرار وبالتالي التقليل من معدلات تزايد أسعارها، وقد لجأ الإنسان إلى إعادة استخدام المعادن وغيرها من الموارد نظراً لتزايد ندرتها وانخفاض الاحتياطي منها وتزايد الطلب عليها وتزايد تكاليف استخراجها مما رفع أسعار المعادن المستخرجة حديثاً من المناجم.

من حيث مظهرها وطبيعة المورد :

تنقسم الموارد في ذلك إلى :

1. موارد ملموسة كالموارد الطبيعية والبشرية ورأس المال.
2. موارد غير ملموسة كالموقع فهو يؤثر تأثيراً كبيراً على قيمة الموارد الملموسة ويزيد إنتاجيتها، والسياسات الحكومية وخاصة السياسات المالية والنقدية والقوانين التي تؤثر على استخدام الموارد وتؤدي إلى زيادة منفعة الموارد أو إلى تخفيضها.
3. التنظيم والإدارة ومستوى التعليم والصحة والثقافة العامة لتأثيرها في حسن استخدام الموارد ورفع كفاءتها والمحافظة عليها ولذا تعتبر هذه الموارد غير الملموسة موارد اقتصادية لأنها تسهم في زيادة وفعالية الموارد الملموسة وتزيد منفعتها سواء أكانت بشرية أو طبيعية بدءاً بمرحلة الإنتاج ثم الاستخدام حتى مرحلة الاستهلاك النهائي للسلع والخدمات ولوجودها تكاليف وقيمة اقتصادية.

من حيث التكوين

تنقسم الموارد بالنظر لهذا الاعتبار إلى :

1. موارد عضوية: كالحيوانات والنباتات والغابات والفحم والنفط.
2. موارد غير عضوية التكوين : كالمعادن الفلزية من ذهب وفضة ونحاس وغيرها والماء والغازات في الهواء.

هذه التقسيمات لأنواع الموارد المختلفة قد تنطبق كلها على المورد نفسه في آن واحد، فمثلاً الحديد مورد طبيعي وناضب ولكنه قابل للاستخدام مرة أخرى وموجود في أماكن قليلة وملموس وغير عضوي. كما أن المراعي والغابات موارد طبيعية ومتجددة وإحيائية وملموسة وموجودة في أماكن كثيرة وعضوية وهكذا.

خصائص الموارد الاقتصادية

1. ندرة الموارد الاقتصادية: وتعتبر من أهم الخصائص على الإطلاق من الناحية الاقتصادية. وتعني الندرة أن أغلب الموارد الاقتصادية محدودة الكمية مقارنة بكميات وأعداد السلع المتوقع إنتاجها منها والتي تتزايد مع تزايد أعداد السكان وتزايد استهلاك الفرد مع مرور الزمن وهذه وجهة النظر للاقتصاد الوضعي في حين نرى من وجهة نظر اقتصادية إسلامية أن الخلل يكمن في سوء استخدام البشر لما استخلفهم الله فيه من موارد سواء في عمليات الإنتاج أو الاستهلاك أو إعمال العقل لتطويرها وزيادتها وتزايد استهلاكهم. والموارد التي تتصف بالندرة هي التي تمثل ما نعنيه بالموارد الاقتصادية أما الموارد المتوفرة بحيث يمكن الحصول عليها مجاناً فلا تعد موارد اقتصادية. ومن هذه الخاصية للموارد وهي ندرتها ومحدوديتها تتحدد أسعار الموارد وتكاليفها والكميات التي تستخدم منها. ويتم هذا التحديد عن طريق العرض والطلب واللذين تعتمد نظريتهما أساساً على ندرة الموارد الاقتصادية.

2. المورد الواحد يسهم في إنتاج العديد من السلع: للمورد الواحد قابلية للإسهام في إنتاج عدة سلع، فنجد أن الأرض تستخدم مثلا في الإنتاج الزراعي والصناعي والتجاري. كما أن موارد العمل ورأس المال تستخدم في جميع هذه الأنشطة الاقتصادية، وعليه تتفاوت احتياجات كل قطاع أو نشاط اقتصادي من الموارد بحسب الحاجة إليها. كما ينبغي الإشارة إلى أنه كلما ازداد التخصص للمورد الاقتصادي في نشاط أو قطاع معين كتخصص العامل في أداء عمل معين أدى ذلك إلى قلة النشاطات الاقتصادية التي يستخدم فيها وقد يحتاج لإعادة تدريب لينتقل إلى عمل بديل، وكذلك رأس المال المتخصص في إنتاج سلعة معينة قد لا يمكن تحويله مباشرة لإنتاج سلعة أخرى بدون إجراء تعديل فيه. ومن هذه الخاصية للموارد الاقتصادية جاءت نظرية تخصيص الموارد أي توزيعها على النشاطات الاقتصادية المختلفة.

3. السلعة الواحدة تحتاج لاستخدام عدة موارد لإنتاجها: نجد السلعة الواحدة تحتاج إلى عدة موارد لإنتاجها، فالسلع الزراعية مثلاً تحتاج لرأس المال والعمل والأرض وكذلك السلع الصناعية والخدمات، ولكنه يمكن إحلال مورد من هذه الموارد مكان الآخر أو التقليل منه إلى حدٍ ما بهدف تقليل تكاليف الإنتاج، ومن هنا جاء مبدأ الإحلال أو نظرية إحلال الموارد.

حددت هذه الخصائص للموارد اقتصادية محور علم الاقتصاد وأهم النظريات المتعلقة به. إذ اعتمدت نظريات العرض والطلب أساساً على خاصية الندرة للموارد الاقتصادية، كما أن إمكانية استخدام كل مورد من الموارد في إنتاج العديد من السلع أوجدت نوعاً من المنافسة بين السلع المختلفة للحصول على أكبر قدر من كل مورد. ومن هنا جاءت نظرية تخصيص الموارد بين استخداماتها المختلفة. ومن ضرورة استخدام عدة موارد لإنتاج سلعة واحدة انبثقت نظرية إحلال

الموارد. وهذه النظريات الثلاث من أهم النظريات الاقتصادية، إن لم تكن أهمها على الإطلاق، بل أن أي نظرية اقتصادية أخرى لا بد أن تكون امتداداً لواحدة منها على الأقل. وأحد انجازات هذا المارد البشري، إنما تتمثل في استحداث معين جديد من الثروة كناتج لتفاعله المستمر مع قوى وعناصر الطبيعة، الأمر الذي يشكل نوعاً ثالثاً من الموارد هو ما سنسميه بالموارد المصنعة والتي تتمثل أساساً في رأس المال العيني بكل أشكاله.

وإذا كانت الموارد بالمعنى السابق تشير إلى كل ما يمكن أن يعد للدخول في دائرة الاستغلال الاقتصادي، فان عوامل الإنتاج إنما تمثل ذلك الجزء من الموارد الاقتصادية الذي تم اعداده فعلاً للمساهمة في علمية الإنتاج. أما الجزء الذي استخدم فعلاً من عوامل الإنتاج في العملية الإنتاجية يسمى بالمدخلات معنى ذلك أن أقصى ما يمكن المشاركة به فعلاً في عملية الإنتاج لا يمكن أن يتعدى بأي حال من الأحوال حجم عوامل الإنتاج. أما إذا كان حجم المدخلات أقل من حجم عوامل الإنتاج، فإن الفرق بينهما يمثل عوامل إنتاج في حالة بطالة. وقياساً على ذلك فإن اقصى ما يمكن الحصول عليه من عوامل الإنتاج لا يتعدى الحجم المتاح من الموارد الاقتصادية. وبالتالي فإذا كانت عوامل الإنتاج اقل من الموارد فإن الفرق بينهما يمثل موارد غير مستغلة ويمكن التعبير عما سبق بالمتباينة التالية:
حجم الموارد الاقتصادية المتاحة ====> حجم عوامل الإنتاج ====> حجم المدخلات
فبالنسبة للموارد الطبيعية مثلاً، فإن الأرض وما عليها وما في باطنها التي يمكن اعدادها للدخول في دائرة الاستغلال الاقتصادي تعتبر مورداً اقتصادياً. أما ذلك الجزء من الأرض الذي تم إعداده فعلاً للمساهمة في عملية الإنتاج فيعتبر عاملاً إنتاجياً والفرق بين ما يمكن إعداده وما تم إعداده فعلاً من الأرض يعتبر مورداً اقتصادياً غير

مستغل. ومثال ذلك بعض الأراضي الصحراويّة. أما الأراضي التي تستخدم مباشرة في الزراعة والرعي وإقامة مباني المصانع والطرق وتشييد المدن وغير ذلك مما يساهم في عملية الإنتاج فتعتبر من المدخلات والفرق بين ما تم إعداده من الأرض وما استخدم منها كمدخلات. يعتبر عاملاً إنتاجياً غير مستغل. وبالمثل فالغلاف الجوي يعتبر مورداً طبيعياً صالحاً للاستخدام الاقتصادي يجب المحافظة عليه من التلوث ويستخدم في النقل الجوي والاتصالات اللاسلكية والإرسال والاستقبال الاذاعي والتلفزيوني والأقمار الصناعية. . . الخ. كما أن بعض مكوناته مثل الأكسجين تدخل في بعض الاغراض الصناعية والطبية وما يمكن إعداده من بعض هذه المكونات للمساهمة في عملية الإنتاج هو من المدخلات.

وإذا حاولنا التمييز بين الموارد وعوامل الإنتاج والمدخلات فيما يتعلق ببعض مكونات الغلاف الجوي فانه من الصعب إبراز هذه التفرقة فيما يختص بالاستخدامات الأخرى لهذا الغلاف. ذلك يرجع إلى الطبيعة الخاصة به، حيث انه بقدر ما يتحقق من تقدم تكنولوجي يمكن تطويعه لزيادة الاستفادة منه اقتصادياً. فحين اكتشاف إمكانية استخدام الغلاف الجوي للارسال الاذاعي لم يكن معلوماً وقتها إمكانية استخدامه للإرسال التلفزيوني ابيض وأسود ثم ملون بعد ذلك. وقد تكون هناك إمكانيات أخرى لاستخدام الغلاف الجوي غير معروفة حالياً وباضطراد التقدم العلمي والتكنولوجي يمكن اكتشافها فيما بعد.

أما بالنسبة للموارد البشرية، والتي تشمل جميع السكان الذين يمكن إعدادهم للدخول في دائرة الاستغلال الاقتصادي بدءاً من الأطفال الرضع حتى الشيوخ المسنين، فهي تعد مورداً اقتصادياً. أما ذلك الجزء المعد فعلاً للمساهمة في علمية الإنتاج فيعتبر من عوامل الإنتاج. وذلك الجزء الذي يساهم فعلاً في العملية الإنتاجية يعتبر مدخلات، وعلى ذلك فالأطفال الذين تقل أعمارهم عن سن معينة، ولا يسمح لهم قانوناً بالدخول إلى سوق العمل. وكذلك الطلبة الذين لم يتموا بعد مراحل تعليمهم المختلفة، ليسوا أعضاء في القوى العاملة

ولكنهم يشكلون جزءا من الموارد البشرية، ولا يمكن اعتبارهم من عوامل الإنتاج إلا بعد إعدادهم للمشاركة في الإنتاج أما ذلك الجزء من هذه الموارد الذي يشترك فعلاً في الإنتاج فهو الذي يعد من المدخلات.

نخلص مما سبق إلى أن كل المدخلات هي عوامل إنتاج وكل عوامل الإنتاج هي موارد اقتصادية، وعكس ذلك ليس صحيحاً بمعنى أن الموارد الاقتصادية لا تعد عوامل إنتاج طالما لم تهيأ بعد للمساهمة في الإنتاج كما أن عوامل الإنتاج التي لم تسهم بالفعل في العملية الإنتاجية لا تعتبر من المدخلات. ويتزايد اهتمام معظم أن لم يكن جميع الدول في الوقت الحاضر بدراسة الموارد الاقتصادية، حيث أنه بقدر ما يتاح من موارد لمجتمع ما، يتجدد مستوى الرفاهية الاقتصادية، ناهيك عن أن غنى وفقر الدول في الوقت الحاضر يقاس ليس فقط بما في حوزتها من موارد، ولكن أيضا بمقدرتها على استغلالها بكفاءة. وعموماً فهناك العديد من الأسباب التي تدعو إلى دراسة الموارد الاقتصادية ومن أهمها:

ندرة الموارد وتعدد الحاجات:

تواجه كافة المجتمعات مشكلة اقتصادية تتمثل في ندرة المتاح لديها من الموارد، في الوقت الذي تتعدد حاجات سكانها وتتزايد بصفة مستمرة وتبدو خطورة هذه المشكلة عندما نعرف أن هذه الموارد، حتى في حالة زيادتها تنمو بمعدل يقل كثيراً عن معدل زيادة السكان وحاجاتهم. وهذه الحقيقة معروفة منذ القدم، فقد نبه إليها مالتس حيث قدر ما معناه أنه في الوقت الذي تتخذ فيه الزيادة في السكان شكل المتوالية الهندسية، فإن الزيادة في الموارد تتخذ شكل المتوالية العددية.

وإذا لم تقم هذه المجتمعات بالتصدي لمشكلة ندرة مواردها وقصورها عن تلبية حاجاتها فقد يأتي وقت تتدهور فيه القدرة الإنتاجية لبعض هذه الموارد. بل وقد يكف بعضها عن العطاء، ولذلك لا مفر أمام هذه الدول من بذل قصارى جهدها في محاولة البحث عن موارد جديدة

تستطيع أن تسهم في الارتفاع بمستويات إشباعها أو على الأقل تحافظ عليها. ليس هذا فحسب، وإنما يتعين عليها اولاً وقبل كل شيء أن تحاول استخدام المتاح لديها من الموارد بأكثر الطرق كفاءة من الناحية الاقتصادية بمعنى وصولها إلى التخصيص الأمثل لمواردها يعني تخصيص الموارد، عموماً، تلك الطريقة التي يتم بها توزيعها على استخداماتها البديلة المختلفة بحيث يتحقق في النهاية قدر معين من الإنتاج. وإذا افترضنا مبدئياً أن هناك نمطاً توزيعياً تخصيصاً معيناً للموارد يؤدي إلى تحقيق حجم معين من الإنتاج، وأمكن مع ذلك اعادة تخصيص نفس هذا القدر من الموارد بطريقة مختلفة تولد عنها قدر اكبر من الإنتاج فمعنى ذلك أن هذا التخصيص المبدئي لم يكن يمثل أفضل طريقة لاستخدام هذه الموارد.

ويتضح انه من الممكن تخصيص نفس القدر من الموارد بطرق مختلفة يحقق كل منها حجماً مختلفاً من الإنتاج. فإذا ما وجد ثمة تخصيص معين يحقق اكبر قدر ممكن من الإنتاج، فإن أي تخصيص آخر غيره لابد وأن يؤدي إلى انخفاض حجم الإنتاج. ومن ثم يمكن تعريف التخصيص الأمثل للموارد بأنه تلك الطريقة التي يتم بها استخدام الموارد المتاحة بحيث يتولد عن هذا الاستخدام اكبر قدر ممكن من الإنتاج. وبتعبير أكثر دقة، فإن التخصيص الأمثل للموارد هو ذلك الاستخدام الذي يترتب على أي تغير فيه انخفاض حجم الإنتاج.

شكل 2: سيول بسبب إغلاق المجاري الطبيعية والتوسع السكني

التنمية الاقتصادية

يعيش العالم اليوم عصراً يطلق عليه عصر التنمية الاقتصادية حيث تحاول جميع الدول قاطبة، المتخلف منها والمتقدم، أن تقوم بتنمية اقتصادياتها لعل من شواهد ذلك أن أطلقت هيئة الأمم المتحدة على العقد الماضي الثمانينيات العقد الأول للتنمية. وترتبط عملية التنمية، في الواقع بحجم المتاح من الموارد وطريقة استخدامها. حيث أن زيادة المتاح في هذه الموارد وحسن استخدامه يعجل بلا شك بعملية التنمية وتختلف الدول المتقدمة عن المتخلفة من حيث حجم الموارد المتاحة في كل منها، وذلك في حد ذاته يفرض على الدول المتخلفة ضرورة التعرف على مواردها وحصرها والشروع في وضعها في دائرة الاستغلال بطريقة كفء حتى تتمكن من وضع وتنفيذ برامجها التنموية الطموحة التي تساعدها على الأخذ بأسباب التقدم والرخاء. ومن الجدير بالذكر أن هناك عاملاً إضافياً يعرقل مسار التنمية الاقتصادية في الدول المتخلفة ويضع عبئاً اضافياً على استخدامها لمواردها وهو ما يطلق عليه أثر المحاكاة أو ثورة التوقعات العالية،

23

ويتمثل هذا العامل في أن سكان الدول المتخلفة، نتيجة تقدم وسائل الاتصال والمواصلات، تتعرف بسرعة وتحاول بصرف النظر عن جدوى ذلك تقليد هذه الانماط ومحاكاتها. ويتطلب ذلك ضرورة توفير المزيد من السلع والخدمات المستخدمة التي لم تكن الموارد المتاحة مطالبة أصلاً بتوفيرها لو لم يمارس أثر المحاكاة ضغوطه، وهذا في حد ذاته يزيد من حدة مشاكل الموارد في هذه الدول ويستدعي معالجتها بمزيد من الحكمة والرشد.

ج. حماية الموارد والمحافظة عليها:

يتميز أي مجتمع إنساني بأنه مجتمع حركي وليس ساكناً. وحيث أن الموارد الاقتصادية في أي مجتمع كما عرفنا سلفاً، هي أصلاً نادرة ومحدودة، فضلاً عن أنها ليست حكراً على جيل واحد بل هي ملك لكافة الأجيال المتعاقبة. لذلك يلزم استخدام المتاح منها بطريقة لا تؤدي إلى تبديدها بل وتضمن حمايتها وزيادتها كلما أمكن ذلك حتى يستمر عطاؤها من جيل إلى جيل. وحماية الموارد والمحافظة عليها يتطلب حصرها حصراً كاملاً وشاملاً لتحديد إمكانات استغلالها حالياً ومستقبلاً ووضع الخطط والبرامج التي تتضمن عدم الإسراف في استخداماتها. وهناك أمثلة كثيرة على ذلك، ففي بعض المجتمعات التي تتمثل مواردها الطبيعية في غابات وأشجار كثيراً ما تسن الدولة تشريعات تحرم قطع الأشجار في مناطق معينة ولفترات معينة خوفاً من تبديد هذه الموارد.

وكذلك فان هناك بعض الدول التي قد تحرم صيد بعض الحيوانات أو الاسماك في سن معينة وفي مناطق معينة ولفصول محددة. وقد تحرم دول أخرى أو تحد من استخراج معادن معينة من مناجم معينة في أوقات معينة وكل ذلك هو بهدف المحافظة على الموارد وضمان عدم استنفاد قدراتها الإنتاجية. ومن ناحية اخرى، قد تقوم بعض الدول منفردة أو مجتمعة بالعديد من الإجراءات التي تهدف إلى حماية البيئة من التلوث منها مؤتمر ستوكهولم الذي عقد في يونيو 1972 وكان غرضه الرئيسي جذب الانتباه إلى المخاطر المتولدة عن التلوث.

آثار الحروب

تمثل الحروب عامة سواء كانت دوافعها الحصول على الأرض مباشرة الحروب العربية الاسرائيلية أو من أجل السيطرة على الموارد الحروب الاستعمارية عبئاً على الموارد الاقتصادية المتاحة البشرية منها وغير البشرية.

فبالنسبة للموارد البشرية، يتمثل هذا العبء في فقدان كامل لجزء من القوى البشرية متمثلاً في شهداء الحروب أو في ظهور قوة عاملة غير منتجة مثل مشوهي الحروب الذين يتعين على المجتمع أن يضمن لهم حياة كريمة نظير ما قدموه له من خدمات. وبالنسبة للموارد غير البشرية، تؤدي الحروب إلى استخدام جزء منها في الإنتاج الحربي، مما يعني تحول هذه الموارد بعيداً عن الإنتاج المدني، بالإضافة إلى تخصيص جزء من الإنتاج المدني وتوجيهه لخدمة مطالب القوات المسلحة. وهذا يعني انخفاضاً في مستوى الرفاهة الاقتصادية للمجتمع متمثلاً في انخفاض حجم السلع المدنية الذي كان يمكن أن يتحقق لو أن هذا الجزء من الموارد لم يخصص لخدمة الأغراض العسكرية. بالإضافة إلى ذلك فللحرب أثر مباشر يتمثل في الدمار الذي يلحق بالكثير من المنشآت القائمة وتوقف بعض أوجه النشاط الاقتصادي كلياً أو جزئياً وهي أمور تمثل بلا شك ضياعاً لجزء كبير من موارد المجتمع واستنزافاً لها.

وبسبب توقف، أو التهديد بتوقف، طرق المواصلات نتيجة الحروب فقد تضطر بعض الدول إلى استغلال جزء من مواردها استغلالاً غير اقتصادي، وذلك بتوجيهها إلى إنتاج سلع لم تكن لتنتجها في الظروف العادية. مثال ذلك ما فعلته انجلترا خلال فترة الحربين العالميتين، حيث اقتضتها ظروف الحرب إلى التوسع في الإنتاج الزراعي فاستغلت أراضي لم تكن مهيأة للاستغلال الزراعي من قبل. بالإضافة إلى ذلك، فإن سوء توزيع الموارد بين دول العالم أدى إلى تسابق بعض الدول الكبرى في محاولة لفرض سيطرتها على المصادر الأولية في بعض الدول الأخرى، الأمر الذي أدى إلى انقسام العالم

إلى كتل وأحلاف يسعى كل منها إلى تحقيق اكتفاء ذاتي فيما بينها.

تصنيف الموارد

يمكن تصنيف الموارد استناداً إلى ثلاثة معايير، وهي:

أ. معيار التوزيع الجغرافي:

وعلى أساسه يكون المورد إما متوافراً في جميع الأماكن كالأوكسجين في الهواء، أو في أماكن متعددة كالأراضي الصالحة للزراعة، أو في أماكن محدودة كالمعادن التي في جوف الأرض، أو متمركزاً في مكان واحد مثل النيكل في كندا.

ب. معيار القدرة على التجرد:

وتبعاً له يكون المورد إما متجدداً، كالأشجار والغابات والثروة الحيوانية، أو فانياً مثل زيت البترول والفحم والغاز الطبيعي.

ج. معيار الأصل:

ووفقاً له يكون المورد إما طبيعياً أو بشرياً، أو مصنعاً. وهذه المعايير الثلاثة ليست مانعة بالتبادل، بمعنى أن الأخذ ببعضها لا يتعارض مع الأخذ بغيره، فضلاً عن أنها تتكامل معاً في توصيف المورد محل البحث. فقد يكون مورد ما، طبيعياً من حيث أصله، فانياً من حيث قدرته على التجدد، ومتوافراً في أماكن محدودة من حيث توزيعه الجغرافي كما هو الحال بالنسبة للبترول مثلاً. ومن هنا يوجد، في رأينا، ثمة تقسيم واحد عريض للموارد هو الذي يميز بينها من حيث الأصل، أما التقسيمات الأخرى فلا تعدو أن تكون مجرد تقسيمات جزئية مشتركة في داخل كل فرع من فروع هذا التقسيم الأساسي. ونتناول فيما يلي أنواع الموارد من حيث أصلها، موضحين بالنسبة لكل نوع طبيعة توزيعه الجغرافي وقدرته على التجدد كلما كان ذلك ممكناً.

أولاً الموارد الطبيعية:

كانت الموارد الطبيعية تعني عند معظم الاقتصاديين القدامى سطح الأرض ولذلك ركزوا على أنها اصيلة لا تهلك، غير أن الفكر الاقتصادي المعاصر ينظر إلى الموارد الطبيعية نظرة اكثر عمومية وشمولاً، فيعرفها بأنها أية أشياء مادية لها قيمة اقتصادية ليس

للإنسان دخـل مباشـر فـي ايجادهـا. فمـثلاً، المخزون الطبيعي مـن المعادن، ومدى تو افر المصايد والغابات، وكذلك المنـاخ والتضـاريس والمساقط المائية والموقع الجغرافي، كلها أشياء لها تأثير علـى الثروة القومية، وذلك دون أن يكون للإنسان دخل مباشر في ايجادها، وعلـى ذلك يمكن القـول بـأن سطح الأرض ومـا عليـه ومـا حولـه، ومـا فـي داخلـه، هو مـا نقصده بالموارد الطبيعية. فسطح الأرض مـن يابـس ومـاء، ومـا يتميـز بـه مـن تضـاريس ومناطق مناخيـة متباينـة يؤثر بطريقة مباشـرة علـى نوعية النشاط الاقتصادي الذي يمارسه سكان كـل منطقـة فعلـى سبيل المثـال، نجـد أن سكان المنـاطق السـاحلية والمنـاطق المـشتملة علـى مـسطحات مائيـة كبيـرة، يتميـز نـشاطهم الاقتصادي اساساً بالتجارة النقل البحري والصيد كمـا أن المنـاخ الـذي تتميز بـه المناطق المختلفة بالإضافة إلى نوعية التربة الموجودة يؤثر بطريقـه مباشـرة في تحديد نوعية النشاط الزراعي الذي يمارسه سكان كل منطقة، بالإضافة إلى تحديد طول الموسم الزراعي نفسه. وكذلك، فيمـا يحتويـه بـاطن الأرض القشرة الارضية مـن ثـروات معدنيـة كالحديـد والفحـم والنحـاس والبتـرول. . . الـخ. يعتبـر مـن المـوارد الطبيعية التي يحدد مدى توافرها، طبيعة النشاط الاقتصادي الرئيسي لسكان المناطق التي يتوافر فيها.

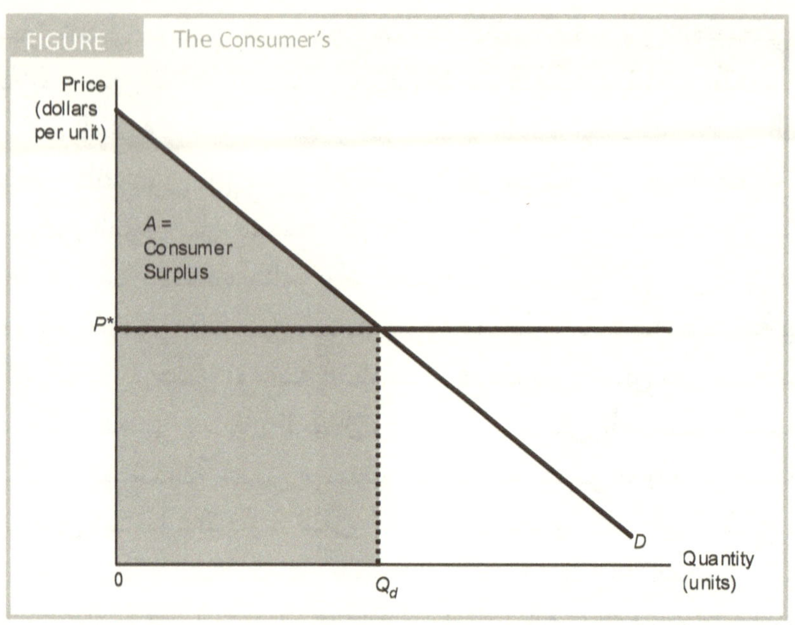

أما ما يحيط بالأرض من موارد طبيعية، فتتمثل في الغلاف الجوي الذي يحيط بالكرة الأرضية. وإذا كان الغلاف الجوي يعتبر من الموارد الطبيعية التي لا تزال بكراً لم تستغل كما يجب حتى الآن بالرغم من أنها تعد بامكانات كبيرة مستقبلاً فان اضطراد التقدم الاقتصادي والتقني في المجالات المختلفة كثيراً ما يترتب عليه تلوث هذا الغلاف. ومن هنا ظهرت مشكلة تلوث البيئة، ولهذا السبب بدأ حديثاً الاهتمام بالمحافظة على الموارد من خلال المحافظة على البيئة المحيطة بالإنسان، حتى تظل خالية من التلوث بقدر الامكان.

وبالنسبة للتوزيع الجغرافي للموارد الطبيعية، فإن بعضها قد يكون متوفراً في جميع الأماكن بحيث لا يواجه الإنسان أية صعوبات في سبيل الحصول عليه، ومن ثم لا يصاحب عملية إنتاجه أو توزيعه أية مشكلة اقتصادية. ومن أمثلة ذلك غاز الأوكسجين الموجود في الهواء حيث يحصل كل كائن حي على احتياجاته من دون مقابل على انه يجب الإشارة هنا، إلى أن ذلك ليس صحيحاً على إطلاقه فإن في بعض الأحيان يطلب الأوكسجين معباً في صورة خاصة لمواجهة احتياجات طبية أو صناعية مختلفة، وعندئذ يكون له مقابل مباشر،

وحديثاً، اصبح على الإنسان لكي يحصل على الأوكسجين الذي يكون مصدره الهواء، أن يدفع في سبيل ذلك مقابلاً غير مباشر، يتمثل في تكاليف تنقية الهواء الجوي من التلوث المصاحب للتقدم الصناعي، كذلك قد تكون بعض الموارد الطبيعية متوافرة في أماكن متعددة، وهذه الموارد تتفاوت درجة توافرها أو ندرتها من أقليم لآخر وبالتالي يكون لها سعر يتعين أداؤه في مقابل الحصول عليها. ويتحدد هذا السعر كما هو الحال بالنسبة لأي سلعة من السلع بتفاعل قوى العرض والطلب. ومثال ذلك الأراضي الصالحة لمختلف أغراض الاستغلال الاقتصادي كالزراعة والرعي واقامة المصانع والمساكن والطرق. أيضا قد تتوافر بعض الموارد الطبيعية في أماكن محدودة. وهذه الموارد تتوافر في أماكن دون أخرى، الأمر الذي تنجم عنه مشاكل اقتصادية تتعلق بتسعيرها نظراً لاختلاف ظروف الطلب عليها والعرض منها، ومثال ذلك المعادن التي يتركز وجودها في أماكن محدودة. فالبيترول، مثلاً، يتركز معظم إنتاجه في منطقة الشرق الأوسط، ويتركز إنتاج التصدير في ماليزيا وبوليفيا واندونيسيا وتايلاند. كما تقوم المانيا وفرنسا والولايات المتحدة بإنتاج ما يزيد على 90% من الإنتاج العالمي للبوتاس. ومن الجدير بالذكر هنا، أنه إلى جانب المشاكل الاقتصادية التي تثيرها ندرة هذه الموار فهناك العديد من المشاكل السياسية بل والعسكرية تتعلق بالمنطق القليلة التي توجد فيها هذه الموارد الطبيعية التي تتركز في مكان واحد مثل النيكل الذي تنفرد كندا بإنتاج معظمه، كما تتركز مادة الكربوليت التي تستخدم في استخلاص الألومنيوم، في الساحل الغربي لجزيرة جرينلاند.

أما بالنسبة لمقدرة الموارد الطبيعية على التجدد فنجد أن بعضها يعتبر موارد متجددة حين يمكن أن تستمر في العطاء، بشرط أن يستمر الإنسان في الحفاظ عليها وعدم اجهادها. فالتربة الزراعية إذا امكن الحفاظ على خصائصها وعدم اجهادها، فإنها تظل مستمرة في العطاء أما إذا أسيء استغلالها فقد يترتب على ذلك انخفاض إنتاجيتها

وضعف معدلات عطائها. وقد تنتشر ظاهرة تجريف التربة للحصول على الطين اللازم لعمل طوب البناء. ولا يخفى ما في ذلك من خطورة تؤثر على الإنتاجية الزراعية للأرض فتضعفها مثل ارتفاع نسبة منسوب المياه فيها مما أدى إلى اضمحلال إنتاجيتها. ومن ناحية أخرى تعتبر بعض الموارد الطبيعية فانية أو غير متجددة. ومثال ذلك الموارد المعدنية والنفط وحيث أن هذه الموارد قد تفنى في يوم ما، فعلى الإنسان أن ينظم استغلالها ويحافظ على الرصيد المتاح منها مراعاة لمصالح الأجيال القادمة.

ثانياً: الموارد البشرية:

تتمثل هذه الموارد في حجم ونوعية القوى البشرية المتاحة، عاملة وغير عاملة. وفي دراستنا للموارد البشرية، أو ما يعرف برأس المال البشري، لا ينحصر اهتمامنا في دراسة مشاكل السكان، واعدادهم ومعدل تزايدهم فقط، بل نهتم إلى جانب ذلك بدراسة العوامل التي تؤثر في نوعية العنصر البشري. وفيما يتعلق بنوعية العنصر البشري. يمكن أن نميز اساساً، بين النوعية المكتسبة وغير المكتسبة أو الذاتية والنوعية المكتسبة تتمثل في مجموعة من الصفات والخبرات والمهارات والكفاءة، التي لا يولد الإنسان بها بل يكتسبها عن طريق التعليم والتدريب والرعاية الصحية. أما النوعية الذاتية فنقصد بها المواهب الخاصة الفنية أو الابتكارية التي يخص به الله سبحانه فئة قليلة من البشر يولدون بها.

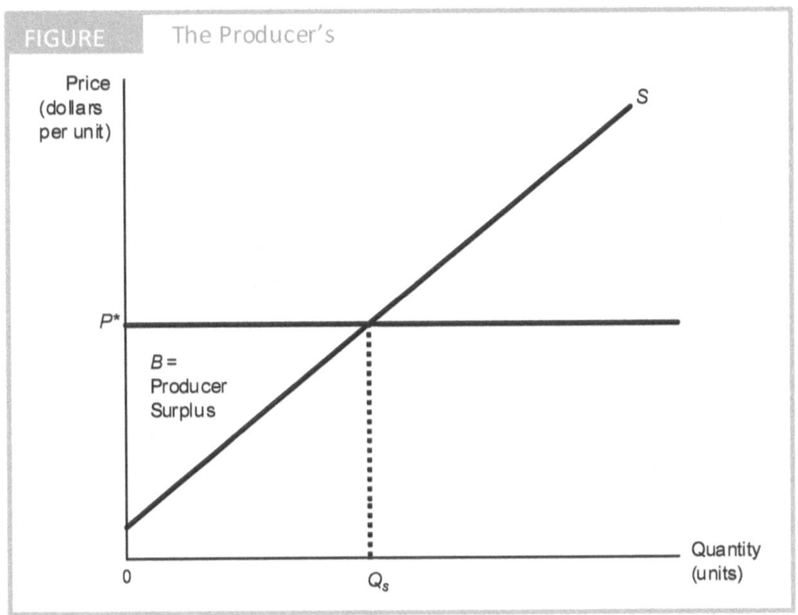

هـذه الـنعم لا يـستطيع الإنسـان أن يكتـسبها بـأي ثمـن أو تحـت أي ظـروف، وإن كـان مـن الممكـن تنميـة المواهـب وصـقلها وتهيئـة الظـروف اللازمـة لاستمراريتها وإثرائهـا. وعمومـاً، نظـراً لأهميـة المـورد البشـري، بدأ حديثاً خلال العقدين الماضيين وبالتحديد مع بدايـة السـتينيات الاهتمـام جديـاً بدراسـة اقتصاديات الموارد البشرية كفـرع مستقل من فروع علم الاقتصاد. وفي الواقع، فإن دراسـة اقتصاديات المـوارد البشـرية تركـز أساسـاً علـى ثلاثـة عوامـل تؤثر فـي نوعيـة وتوزيـع القـوى البشـرية، فاقتـصاديات التعـليم واقتصاديات الصحة تؤثر فـي نوعيـة المـورد البشـري، بينمـا تؤثر اقتصاديات الهجرة فـي توزيـع المـوارد البشـرية. أمـا مـن ناحيـة الكميـة، فيلـزم دراسـة حجـم السـكان ومعدل تزايدهم والمشاكل التي قد تنجم عن ذلك مثل مشكلات الغـذاء والإسـكان والنقل والمواصـلات. وترتبط هذه المشاكل كلها بـالحجم المتـاح مـن المـوارد الطبيعيـة والمصنعـة والقـوى العاملـة من ناحية، وحجم المـوارد البشـرية السكان كمستهلك للإنتاج من ناحية أخرى.

ومـن ناحيـة التوزيـع الجغرافـي للمـوارد البشـرية، نـذكر اساسـاً أن العنصر البشري ليس مورداً متوافراً في كل مكان أي ليس سلعة حرة

حيث يلزم نظراً لطبيعته الخاصة ككائن حي وجود حد أدنى من الظروف التي تسمح له بالكينونة، فالإنسان يعيش على سطح اليابسة، ليس هذا فحسب بل أن كثيراً من المناطق على سطح اليابسة لا تسمح لظروفها غير الملائمة بحياة البشر. مثال ذلك المناطق القطبية المتحدة الشمالية والجنوبية، بعض الغابات الاستوائية، بل وفي بعض

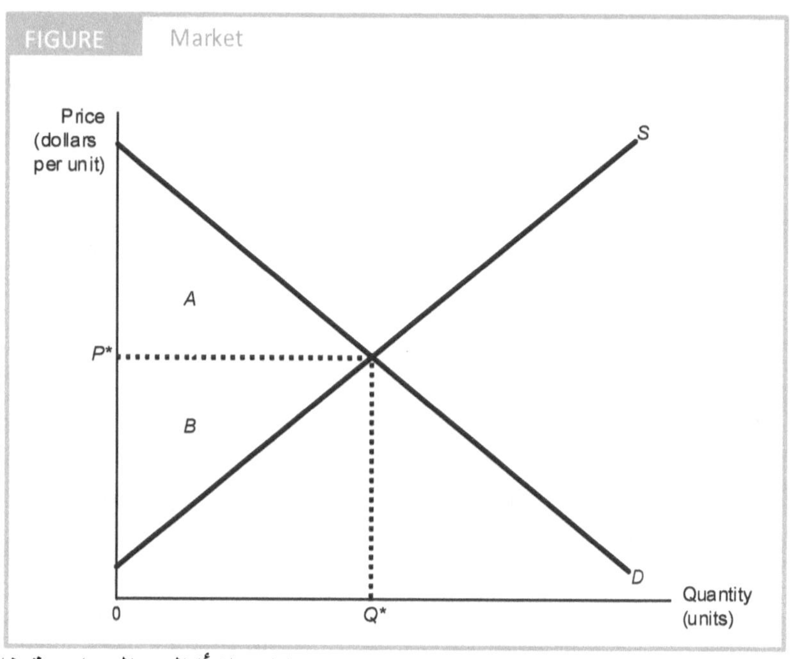

بقاع الأقاليم المدارية ذاتها.

كذلك نجد هناك مناطق تتمتع بالكثافة السكانية ومناطق أخرى تتميز بالخفة السكانية. فالهند والصين من الدول التي تعاني من مشاكل التزايد السكاني الرهيب واضطراد زيادة معدل النمو السكاني أيضا. بينما استراليا وكندا وبعض دول أوروبا خصوصاً الدول الاسكندنافية شمال أوربا لا تزال تمر بمرحلة الخفة السكانية. وأن الدول التي تكتظ بالسكان، معظمها من الدول المتخلفة، حتى ليختلط الأمر على المرء فيما إذا كان التزايد السكاني بهذه الدول سبباً في التخلف أم نتيجة له هذا من ناحية، ومن ناحية أخرى إذا جاز لنا أن نتكلم عن فئات نوعية للمورد البشري كمصدر لعنصري العمل والتنظيم لأمكن

أن نقول أن العمل غير الماهر هو عنصر متوفر في أماكن عديدة بل في كل مكان مأهول بالبشر. أما العمل نصف الماهر والماهر وعنصر التنظيم، فهي من قبيل الموارد النادرة التي لا تتوافر إلا في أماكن محدودة. ومن المهم أن نذكر أن هذا لا يعني أن الأماكن التي لا يتوافر فيها العمل الماهر أو التنظيم ستظل محرومة منها دائماً لأن عامل الهجرة يمارس تأثيره الملحوظ في اعادة تشكيل نمط التوزيع الجغرافي لهذين العنصرين بين الدول المختلفة، وبذلك يعمل على تحقيق قدر من التوازن النسبي بين العمل وعوامل الإنتاج الأخرى.

أما من حيث قدرة الموارد البشرية على التجدد، فإنها تنقسم بالاستمرارية طالما يتم المحافظة عليها ورعايتها وعدم إجهادها. فالعمل غير الماهر يمكن أن يتحول إلى عمل ماهر عن طريق تهيئة الظروف المناسبة مثل تصميم البرامج التعليمية وإعداد مراكز التدريب ومنح الفرص للمواهب الشابة لتبوّء المراكز القيادية في المشروعات. فضلاً عن ضرورة تبني نظم للحوافز والدوافع التي تعمل على خلق مثل هذه الموارد النادرة في المناطق التي تفتقر إليها، ناهيك عن عدم هجرة الموجود منها إلى مناطق أخرى، وليس يخفى أن كثيراً من دول العالم المتخلفة تفتقر إلى هذين العنصرين العمل الماهر والتنظيم تعاني من مشكلة هجرة العقول إلى الخارج، سواء كان الدافع إلى ذلك هو الحصول على فرص حياة أفضل أو سعياً إلى ما قد يوفر لهم إمكانيات التقدم أو هرباً من مشاكل اجتماعية أو سياسية أو غيرها. بالإضافة إلى ذلك يجب الاهتمام بالبرامج الصحية، فبجانب أنها تؤدي إلى تحقيق زيادة كمية في حجم العنصر البشري عن طريق تخفيض معدلات الصرفيات، إلا أنها من الناحية النوعية ثبت وجودها بالنسبة إلى قدرة العنصر البشري على التجدد، حيث أن التحسينات في المستويات الصحية تؤدي إلى تحسين نوعية العنصر البشري بزيادة قدرته الإنتاجية.

ثالثاً: الموارد المصنعة:

وهذه الموارد هي نتاج تفاعل الإنسان مع الطبيعة وتعرف اساساً

برأس المال المادي. ويضم رأس المال المادي مكونات عديدة مثل الموارد الطبيعية المستخرجة من الأرض بعد معالجتها صناعياً وتحويلها إلى معدات وآلات إنتاجية كالحديد والألومنيوم وجميع التجهيزات الأساسية من مباني وخلافه والتي تسبق النشاط الصناعي، كذلك فالمنتجات الزراعية التي تدخل كمواد أولية في بعض الصناعات كالقمح والقطن والصوف هي شكل من أشكال رأس المال المادي. والموارد المصنعة لا تنصب فقط على رأس المال المادي بأشكاله المختلفة، بل تنسحب أيضا إلى نوع آخر من رأس المال يطلق عليه البعض رأس المال الاجتماعي أو ما يعرف باسم البنية الاقتصادية الأساسية والذي يتمثل في مجموعة الطرق والانشاءات والجسور وخطوط السكك الحديدية وبعض المجاري والمحطات المائية التي استحدثها الإنسان.

ويمثل رأس المال الاجتماعي ضرورة أساسية لمزاولة النشاط الصناعي لما لوجوده من أهمية قصوى فيما يتعلق بربط مواطن وجود المواد الأولية بأماكن الإنتاج ثم بأماكن الاستهلاك. وهناك بعداً جديداً يضاف إلى تعريف رأس المال وهو مستوى المعرفة التقنية لما لذلك من آثار مباشرة وملموسة على مستوى الإنتاج خصوصاً مع استمرار التقدم والتغير التقني. وهناك شكلا آخر من أشكال الموارد المصنعة زادت أهميته النسبية في الآونة الأخيرة ولا تزال وهو ما يمكن أن نسميه بالمعالم الأثرية. ويمكن أن نعتبر المعالم الأثرية أحد مكونات رأس المال المادي حيث أنها تساهم في خلق وتنشيط صناعة جديدة هي صناعة السياحة. وهذه الصناعة لها العديد من الآثار المباشرة وغير المباشرة على مستوى العمالة والإنتاج والدخل في المجتمعات التي لا توجد بها. ومن ناحية التوزيع الجغرافي، فإن الموارد المصنعة بعضها موجود في أماكن عديدة مثل المنتجات الزراعية التي تدخل كمواد أولية في بعض الصناعات كالقمح والقطن والصوف وأخرى مثل كالحديد والألومونيوم والمعالم الأثرية.

أما من حيث القدرة على التجدد فإن بعض الموارد المصنعة يمكن أن يستمر الإنسان في الحفاظ عليها مثل رأس المال الاجتماعي والمعالم

الأثرية. بينما بعض الموارد المصنعة يعتبر من قبيل الموارد الفانية مثل المنتجات الزراعية الأولية أو الموارد الطبيعية المعالجة صناعياً.

المعرفة العلمية بناء متماسك متصل الحلقات فما علم من العلوم خصوصاً العلوم الاجتماعية تكون له حدود قاطعة فاصلة، بل عادة ما يرتبط بشكل أو بآخر ببعض العلوم القريبة منه سواء في مادتها محتواها أو منهجها أدواتها التحليلية والموارد الاقتصادية كعلم، يتصف ايضابهذه السمة. ويقف علماء الاقتصاد والجغرافيا على راس العلوم التي تربطها بعلم الموارد الاقتصادية وشائج صلة قوية ومرجع هذه الصلة أن الإنسان يواجه مشكلة ثنائية الأبعاد. فالاحتياجات الإنسانية تمثل أصل المشاكل العديدة التي يواجهها الإنسان ويحاول التغلب عليها منذ بدء الخليفة وإلى يومنا هذا وفي محاولته لاشباع هذه الاحتياجات، كان على الإنسان أن ينتج العديد من السلع والخدمات المختلفة، وهو أمر لا يتحقق له بدون توافر الموارد الاقتصادية. ومن هنا بدأ الإنسان الاهتمام بالبحث عن مصادر تلك الموارد.

وخلال رحلة عمره عبر حقب عديدة من الزمان، تأكد له أن هذه الموارد نادرة، فضلاً عن أن حاجاته متزايدة ولا تنتهي. وهكذا تظهر ثنائية المشكلة حيث يتمثل بعدها الأول في البحث عن الموارد، وبعدها الثاني في كيفية استخدام هذه الموارد. وفيما يتعلق بالبعد الأول من المشكلة وهو البحث عن الموارد، نذكر انه كان على الإنسان أن يحدد أنسب المناطق التي تتوافر فيها الظروف الملائمة لتحقيق منتجات معينة يستهدفها لإشباع حاجاته.

وهنا تظهر أهمية علم الجغرافيا وصلته بعلم الموارد فالجغرافية تهتم بتحليل المتغيرات المكانية بدلالة المناطق والأقاليم الموجودة فيها، فضلاً عن تحليل العلاقات التي تنشأ بين هذه المتغيرات المكانية وبين الظواهر الطبيعية لسطح الأرض من ناحية وبين الظواهر البشرية وحياة الإنسان من ناحية أخرى. وهكذا تتضح علاقة علم الجغرافيا

بعلم الموارد الاقتصادية فكثير من المنتجات لا يمكن تحقيقها إلا بتوافر صفات جغرافية معينة كالتضاريس ونوع التربة والمناخ وبالطبع. وعلم الجغرافيا، باهتمامه بالتوزيع الطبيعي للحياة النباتية من حيث ملائمة المناطق المختلفة لكل نوع منها، يقدم يد العون في محاولة الإنسان حل مشكلة تحديد أنسب الأماكن لممارسة النشاط الإنتاجي الملائم لها. ولعل هذا هو السبب الذي من أجله جرى العرف التقليدي عند دراسة الموارد الاقتصادية أن يقوم بدراسة المنتجات الزراعية كالقمح والرز والسكر والبن. . . الخ. . . وفي الواقع لا تعدو مثل هذه الدراسة أن تكون مجرد دراسة لجغرافيا المنتجات من حيث تحديد انسب أماكن إنتاجها، وهو أمر يحصرها في مجال ما يسمى بالجغرافيا الاقتصادية. ومن الجدير بالذكر أن العرف التقليدي كان يعتبر إلى فترة قريبة أن الجغرافيا الاقتصادية والموارد الاقتصادية مترادفان، الأمر الذي يختلف معه كثيراً، والذي تتضح مبرراته من مناقشتنا التالية للبعد الثاني من المشكلة والخاص بكيفية استخدام الموارد الاقتصادية. ودراسة كيفية استخدام الموارد الاقتصادية والحفاظ عليها وتنميتها هو الذي يضعنا في قلب الدراسة الاقتصادية للموارد المتاحة. فحجم الموارد المتاحة لدولة ما يؤثر كما سبق أن ذكرنا على مستوى المعيشة لسكان هذه الدولة، وعلى درجة التقدم الاقتصادي التي وصلت إليها. فالدول الفقيرة والمتخلفة دول العالم الثالث هي تلك التي تعاني من نقص الموارد الاقتصادية المتاحة وسوء استخدامها. أما الدول الغنية المتقدمة اقتصادياً، فلها قدر اكبر من الموارد الاقتصادية والتي نجحت في استغلالها بأفضل الطرق الممكنة. هذا يوضح العلاقة المباشرة بين مستوى الرفاهة الاقتصادية وحجم الموارد المتاحة. فمستوى الرفاهة الاقتصادية يعتمد مباشرة على حجم المنتجات الممكن تحقيقها وهذه بدورها تعتمد على حجم الموارد المتاحة. ولذلك يمكن القول بأن مستوى الرفاهة هو دالة في حجم الموارد المتاحة. ولما كان علم الاقتصاد يحاول، في نهاية الأمر، العمل على زيادة مستوى الرفاهية الاقتصادية للإنسان، وهو أمر محكوم بالقدر المتاح من الموارد. ومن المحتم الاهتمام

بطريقة استخدام هذه الموارد بأكبر قدر ممكن من الرشد والكفاءة. ومـن هنـا تظهر بوضـوح أهميـة الـربط عند دراسـتنا للمـوارد بين البعدين الجغرافي والاقتصادي.

إشباع الحاجات الإنسانية المتعددة والمتطورة باستمرار هو الهدف، وذلك من خلال استخدام قوة الإنسان العضلية والذهنية في استغلال موارد بيئته، مما أدى به إلى إحداث عدة تغيرات. وقد شهد العالم علـى مـر العصور قيـام عـدة حضـارات، هـذا وقد عرفـت هذه الحضارات اهتماماً كبير بالبيئة عن طريق حفر الأنهار والجداول، وإقامـة السدود، وتنفيـذ شبكات الـري، كمـا قامـت هذه الحضـارات بإنشاء بيئات صناعية جميلة مثل حدائق المعلقات في بابل بالعراق لتماثل البيئة الجبلية في المنطقة، واهتمت كذلك بجلب مياه الشرب النقيـة للمدن، إلى جانب إقامـة حمامـات داخل السكنات. وتعتبر هذه الأعمال من الوسائل التي تعمل على تحسين البيئة وتنميتها وتحقيق الرفاهية للإنسان في نفس الوقت.

ولكن مع ازدياد رغبة الإنسان في الحصول على مزيد من الإشباع والارتقاء بمستوى المعيشة، ومع تقدم وتطور العلوم والمخترعات العلمية والفنية تطورت طرق استغلال موارد البيئة. وكانت ثمار هذا التقدم مشهودة في كل مجالات الحياة من صناعة وزراعة وتجارة ونقل وخدمات متنوعة. وقد صاحب هذا التقدم إختلال في التوازن البيئـي الطبيعـي الـذي أراده الله سبحانه وتعـالى للكون. وأصبحت مظاهر هذا الاختلال في التوازن البيئي واضحة وملموسة، فقد تلوث المـاء والهـواء، وتـدهورت التربـة، وانتـشرت الأمـراض، وأصبحت البيئة اليوم تحت رحمة المؤثرات التكنولوجية الحديثة التي تكاد تخلع المجتمع من جنوره وتفصله عن أصوله وتنقله من زمن غير الزمن الـذي يعيشه، ومن مكانـه إلى مكـان آخـر لم يخلق لـه، وبإمكانـات يصعب التكيف معها، ووسائل وعادات منقولة إلى بيئة قد لا تصلح فيها. وقد أضحت البشرية تواجه تحدياً حقيقياً يتمثل في حتمية التوفيق بين النزاع المحتمل بين الجهد الإنساني من أجل استمرار

التنميـة مـن ناحيـة، والحفـاظ علـى التـوازن البيئـي مـن ناحيـة أخـرى. وأمـام هـذا التحـدي لـم يعـد الاهتمـام بقضايـا البيئـة أمـرا□ محليـا□ إقليميـا□. أصبحت هـذه القضايـا محـل اهتمـام العـالم بأسـره، بعـد أن تفاقمـت مشـكلات البيئـة وأحدثـت الاختـلال بالتـوازن البيئـي نتيجـة التلـوث بكافـة أنواعـه وأشـكاله مـن ناحيـة، والتصحـر واستنزاف المـوارد التـي تعتمـد عليهـا الحيـاة مـن ناحيـة أخـرى.

ويأتـي علـم الاقتصـاد ليوضـح الحجـم الحقيقـي الاقتصـادي لمشـكلات البيئـة، والقـدر الحقيقـي للاضـرار التـي تصيبهـا، والتكاليف الواجبـة الدفـع مـن أجـل حمايتهـا وتأثيرهـا الاقتصـادي، والعلاقـة بيـن التـوازن الاقتصـادي والتـوازن البيئـي، ومـا إذا كـان هنـاك تناقضـا□ بيـن تحقيـق النمـو الاقتصـادي مـن ناحيـة، والحفـاظ علـى مكونـات البيئـة وتوازنهـا مـن ناحيـة أخـرى. فالمنشـأة الاقتصـادية تعتبـر وحـدة إنتاجيـة مـن وحـدات اقتصـاد الدولـة، تعمـل فـي بيئـة اقتصـادية ديناميكيـة؛ تتفاعـل معهـا فتؤثـر فيهـا وتتأثـر بهـا، فتحصـل علـى المـوارد المختلفـة مـن المـواد الخـام، الطاقـة المحركـة، الأمـوال، العمـال، التكنولوجيا والمعرفـة مـن البيئـة، فـي حيـن توفـر المؤسسـة الاقتصـادية للبيئـة السـلع والخدمـات التـي تحتاجهـا.

كمـا يفـرض المحيـط الاقتصـادي علـى هـذه المؤسسـات نظرتـه الأساسـية علـى مسـار الاختيـار التنمـوي الـذي شـهد تطـورا عبـر الفكـر الاقتصـادي. وعرفـت المرحلـة الأخيـرة بالتنميـة الاقتصـادية البيئيـة التنميـة المسـتدامة، حيـث تكتسـي هـذه الأخيـرة أهميـة متزايـدة علـى كافـة المسـتويات، فصـارت محـل انشـغال دول العـالم، وانعقـد مـن أجلهـا العديـد مـن المؤتمـرات الدوليـة، وأصبحـت تحتـل مكـان الصـدارة بيـن مـا يشـغل العـالم مـن همـوم ومشـكلات، ولعـل مـن أهمهـا مـا تسـببه المؤسسـات الاقتصـادية مـن تلـوث وآثـار سـلبية علـى الصحـة البشـرية لاقتصـار هدفهـا علـى الربـح. لـذا مـن طبيعيـا□ أن نـدرس الجوانـب الاقتصـادية لهـذه المشـكلات مـن خـلال فـرع جديـد مـن علـم الاقتصـاد والتنميـة وهـو علـم اقتصـاديات البيئـة.

ونوضـح مـن خـلال التالـي البيئـة، ومكوناتهـا، وقوانينهـا ونظمهـا، كذلـك

نتعرض إلى مفهوم علم الاقتصاد، ونظرته إلى الموارد البيئية، وكيفية استغلاله لها من أجل إشباع حاجات الإنسان المستمرة والمتطورة. ومع تطور الأنشطة، والرغبة في تحقيق المزيد من الإشباع للحاجات المتزايدة، صاحب ذلك استخدام غير رشيد لموارد البيئة، وحدث اخلال بالتوازن البيئي. نشأت مشكلات التلوث البيئي بأنواعه وصوره المختلفة، وكذلك تدهورت قدرة الموارد الطبيعية، ونتج عن هذا الاخلال إنخفاض إنتاجية العمل والأرض، واكتسبت الموارد البيئية صفة الندرة، وبالتالي فقد دخلت في إطار التحليل الاقتصادي وإطار دراسات التنمية بصفة عامة.

مفهوم البيئة

تمثل البيئة الوعاء الشامل لعناصر الثروة الطبيعية، وعلاقة الإنسان بالبيئة علاقة متبادلة الأثر والتأثير؛ فالبيئة هي المصدر الذي يحصل منه الإنسان على مقومات حياته، وهي الإطار الذي يمارس فيه نشاطه اليومي. وتشمل عوامل عديدة منها المناخ والتضاريس والتربة والمياه والمعادن والنباتات الطبيعية. وقد اتسع مفهوم البيئة ليشمل كل من البيئة التقنية والاقتصادية والطبيعية والتنظيمية والبيئة الثقافية وأخيرا □ البيئة الاجتماعية. ونتعرف على معنى البيئة، ومكوناتها، وقوانينها، وكذلك أساسيات النظام البيئي، والتوازن البيئي واختلاله.

تعريف البيئة

يعد التوصل إلى مفهوم محدد للبيئة أمر بالغ الأهمية، لكن تعدد المفاهيم المستخدمة لهذا المصطلح حالت دون تحقيق ذلك؛ فالباحث في كل فرع من هذه العلوم يعرف البيئة وفقا لرؤيته الصادرة عن زاوية تخصصه. وهذا ما يعكس لنا ما يكتنف المصطلح من غموض وعدم تحديد. وتعريف البيئة لا يمكن تحديده إلا بتحديد النظام المعني بالبحث والدراسة، والبيئة شيئ نسبي أيضا لأنها تختلف في محتواها ومكوناتها باختلاف المستوى التجميعي الذي ننظر منه إلى النظام

المراد تحديد بيئته، وكذلك باختلاف بعدها الزمني. والبيئة تتمثل في البيت، والمدرسة، والكرة الأرضية، والكون كله. ويمكن تعريف البيئة من خلال الأنشطة البشرية المختلفة، فنقول: البيئة الزراعية، والبيئة الصناعية، والبيئة الثقافية، والبيئة الصحية، والبيئة الاجتماعية، والبيئة السياسية. فالبيئة هي إطار متكامل يشمل الكرة الأرضية وهي كوكب الحياة وما يؤثر فيها من المكونات الأخرى للكون. ومحتويات هذا الإطار ليست جامدة ولكنها متأثرة ومؤثرة فيه، والإنسان واحد من مكونات البيئة، يتفاعل مع كل مكوناتها.

ويمكن تصنيف المفاهيم المتعلقة بالبيئة إلى قسمين:

1. قسم يختص بالمفهوم الايكولوجي للبيئة الذي يركز على الطبيعة التي تحيط بالإنسان، فعلم البيئة Ecology أحد فروع علم الأحياء، وهو يبحث في النظم البيئية الطبيعية المختلفة للتغيرات السلبية الطارئة عليها، أي يهتم بعلاقة الكائنات الحية مع بعضها البعض ومع المحيط والوسط الذي تعيش فيه.

2. أما القسم الثاني: فهو المفهوم الواسع للبيئة، فعلم البيئة يبحث في المحيط الذي تعيش فيه الكائنات الحية، ويدعى بالمحيط الحيوي، والذي يتضمن العوامل الطبيعية والاجتماعية والثقافية والإنسانية التي تؤثر على أفراد وجماعات الكائنات الحية وتحدد شكلها وعلاقاتها وبقاءها، فعلم البيئة يتضمن علم الايكولوجيا إذن فهو أشمل وأعم.

على هذا الأساس ليست كل التعريفات المدرجة تحت تسمية البيئة يمكن أن نأخذ بها، بل نتناول منها ما يتناسب مع طبيعة الدراسة. وقد عرف مؤتمر الأمم المتحدة للبيئة البشرية الذي عقد في ستوكهولم 1972 البيئة بأنها: "رصيد الموارد المادية والاجتماعية المتاحة في وقت ما وفي مكان ما لإشباع حاجات الإنسان وتطلعاته". وتعرف البيئة بأنها: "المجال الذي يعيش فيه الإنسان ويحصل منه على الموارد اللازمة لإشباع حاجاته فيؤثر فيه و يتأثر به". وهناك من يعرفها بأنها: "مخزون أو مستودع للموارد الطبيعية والبشرية المتوفرة في مكان محدد و زمان معين، والمستخدمة لإشباع حاجات

الإنسان". ويعرفها البعض الآخر بأنها: "المجال المكاني الذي يعيش فيه الإنسان بما يضم من ظواهر طبيعية و بشرية يتأثر بها و يؤثر فيها". وبذلك فإن البيئة في معناها العام تشمل كل العوامل الحيوية وغير الحيوية، بمعنى أنها تشمل كل الكائنات الحية المرئية وغير المرئية والموجودة في الأوساط البيئية المختلفة، أما غير الحيوية فالمقصود بها هو الماء والهواء والتربة. ونستخلص، أن البيئة تمثل المحيط الذي يعيش فيه الإنسان وينشط فيه، كما أنها مستودع لموارده المتفاعلة فيما بينها، لتحدث التأثر في الإنسان وتتأثر هي به.

ومن نقائص هذه المفاهيم:

1. أنها مفاهيم ضيقة لا تربط بين البيئة وبين العادات والتقاليد المرتبطة بالإنسان، سواء في سلوكه أو أنشطته الإنتاجية أو الاستهلاكية.

2. كما أنها تتجاهل شكل المؤسسات الاجتماعية والاقتصادية التي تساهم في تنظيم المجتمع، وكذا العلاقات التي تربط بينها وبين البيئة.

3. كما أن هذه المفاهيم تفتقد أو تهمل الوسط الاجتماعي ومدى رؤيتها للبيئة ومشاكلها ومدى اهتمامها بها.

المعنى الاصطلاحي للبيئة، لا يختلف كثيرا عن المعنى اللغوي لها، فجل التعريفات تشير إلى أن البيئة هي: "ذلك الإطار الذي يحيا فيه لإنسان، ويحصل منه على مقومات حياته، ويمارس فيه علاقاته مع بني البشر". وينظر للبيئة في علم الإقتصاد على أنها أصل رأسمالي مركب، ولذلك يرغب الإقتصاديون في منع أي تدهور يمكن أن يحدث لقيمة هذا الأصل الرأسمالي المركب؛ حتى يستطيع الإستمرار في توفير خدماته للإنسان لأطول فترة ممكنة.

مكونات البيئة

إن العلاقات القائمة بين الإنسان وبيئته، والتفاعلات المتبادلة والراجعة أو الارتدادية الناجمة عن هذه التفاعلات تمثل شبكة بالغة التعقيد. والإنسان مخلوق فريد، يتمتع بإمكانات تؤهله لأن يوجد ويطور موقعا أفضل لحياته وحياة أجياله من بعده إذا ما تصرف

بعقلانية وأمانة. ومن أجل أن يسلك هذا المسلك ويحقق هذا الهدف فلا بد للإنسان أن يلم بمكونات البيئة الطبيعية التي تمثل الموارد القادرة على تلبية حاجاته الأساسية التي تمكنه أن يعيش حياة كريمة. وعندما نتجه إلى البيئة لنلم بمكوناتها فإننا في الواقع لا نقوم بعملية جرد لمستودع تمويني كبير هذا لأن مكونات البيئة ليست معزولة عن بعضها البعض.

والبيئة ليست جامدة مغلقة، فمكوناتها في تفاعل مستمر عناصر داخلة وعناصر خارجة، ولكن لفهم مكونات البيئة وعلاقاتها المتكاملة يفرض علينا من أجل التبسيط أن نأخذها عنصرا بدون إغفال لتشابك العلاقات التي تشكل تكاملا طبيعيا منسقا.

تقسيم مكونات البيئة

يمكننا تقسيم مكونات البيئة إلى عنصرين أساسيين:

، Natural Environment العنصر الأول: العنصر الطبيعي البيئة الطبيعية وتشمل عناصر الطبيعة التي لم يتدخل الإنسان في وجودها، مثل: الماء والهواء والتربة. كما يقصد بها كل ما يحيط بالإنسان من ظواهر حية وغير حية وليس للإنسان أي أثر في وجودها، وتتمثل هذه الظواهر والمعطيات البيئية في البيئة والتضاريس والمناخ والتربة والنباتات والحيوانات، ولا شك أن البيئة الطبيعية هذه تختلف من منطقة إلى أخرى تبعا لنوعية المعطيات المكونة لها.

، Human Environment العنصر الثاني: العنصر البشري البيئة البشرية وتعني الإنسان وآثاره وإنجازاته التي أوجدها داخل بيئته الطبيعية. فالإنسان كظاهرة بشرية يتفاوت من بيئة لأخرى في درجة تحفزه وتفوقه العلمي وسلالاته، مما يؤدي إلى تباين البيئات البشرية.

ويتكون الإطار البيئي من ثلاثة عناصر متداخلة مع بعضها هي:

1. البيئة كمصدر للترفيه والتمتع بالمناظر الطبيعية.
2. مصدر للموارد الطبيعية.
3. مستودع لاستيعاب المخلفات.

ويمكن أيضا تقسيم الإطار البيئي إلى جزئين:

أولا □ جزء طبيعي: كالأرض، والماء، والطاقة الشمسية،

والمعادن، والنباتات.

ثانيا ☐: جزء تنظيمي: يتمثل في التشريعات والتنظيمات التي يضعها الإنسان؛ بغرض تنظيم استخدام البيئة الطبيعية في إنتاج السلع والخدمات التي تلبي متطلبات المجتمع وحاجاته.

ويمكن أيضا تقسيم البيئة إلى أربعة مجموعات هي:

1. البيئة الطبيعية: تشمل الأرض وما حوت من موارد طبيعية، الظروف المناخية، النبات والحيوان، موارد الطاقة، المجاري المائية بالإضافة إلى مستويات التلوث الطبيعية ومصادرها المختلفة وعلاقتها بالحياة.

2. البيئة الاجتماعية وتشمل على الخصائص الاجتماعية للمجتمع وحجمه وتوزيعه، علاوة على الخدمات الاجتماعية النقل الثقافة السياسة الصحة التجارة وغيرها. وكذا التوقعات الاجتماعية وأنماط التنظيم الاجتماعي وجميع مظاهر المجتمع الأخرى. وبوجه عام، تتضمن البيئة الاجتماعية أنماط العلاقات الاجتماعية القائمة بين الأفراد والجماعات التي ينقسم إليها المجتمع، تلك الأنماط التي تؤلف النظم الاجتماعية والجماعات في المجتمعات المختلفة.

3. البيئة الاقتصادية: وتشتمل على الأنشطة الاقتصادية المختلفة الناتجة عن عناصر الإنتاج المختلفة مثل: رأس المال والتكنولوجيا والعمالة والأرض، وما يترتب على ذلك من دخول قومية وفردية تؤثر على الرفاهية الاقتصادية.

4. البيئة الثقافية: ويعني بها الوسط الذي خلقه الإنسان لنفسه بما فيه من منتجات مادية وغير مادية من أجل السيطرة على بيئته الطبيعية، وخلق الظروف الملائمة لوجوده. وعليه فإن البيئة الثقافية تتضمن الأنماط الظاهرة والباطنة للسلوك المكتسب عن طريق الرموز الذي يتكون في مجتمع معين من علوم ومعتقدات وفنون وقوانين وعادات وغير ذلك.

وهناك عدة تصنيفات لإطار البيئة، ولكنها كلها تشترك في العناصر السابق ذكرها، أضف إلى ذلك التصنيف الذي يضيف المحيط

43

المصنوع أو التكنولوجي، ويتألف من كافة ما أنشأه الإنسان في البيئة الطبيعية باستخدام مكوناتها سواء المستوطنات البشرية والمراكز الصناعية والطرق والمواصلات والمشاريع الزراعية والآلات وغير ذلك.

التفاعل القائم بين مكونات البيئة، ذلك التفاعل الذي قد يكون إيجابيا ينعكس بفوائد جمة، أو سلبيا يؤثر على البيئة ويضر بها، ويجر عليها عواقب وخيمة تتفاوت من حيث التأثير.

من خلال ما سبق يتبين لنا أن البيئة هي: مجموع العوامل الطبيعية والثقافية والإنسانية التي تؤثر في الكائنات الحية.

فهي كل الماديات التي تحيط بالإنسان من المياه والأرض وما عليها وما بداخلها، وكذا الكائنات الحية الحيوانية والنباتية والكائنات الدقيقة.

القوانين البيئية

تخضع الطبيعة لقوانين وعلاقات معقدة تؤدي في نهايتها إلى وجود إتزان بين جميع العناصر البيئية، حيث تترابط هذه العناصر بعضها ببعض في تناسق دقيق يتيح لها أداء دورها بشكل وبصورة متكاملة. وللبيئة ثلاثة قوانين طبيعية ثابتة، تعرف بالقوانين الايكولوجية Ecological Rules، وهي:

أولاً: قانون الاعتماد المتبادل:

تأخذ العلاقات الغذائية صورة سلسلة غذائية، بحيث ينتقل الغذاء من المنتج إلى المستهلك، وتتكون هذه العلاقات الغذائية بين الأحياء، وتكون متداخلة، وتعطي للمستهلك الكثير من فرص الاختيار. فالأرض وهي كوكب الحياة لها صور متنوعة من الحياة، متباينة في أشكالها وأحجامها وأنواعها وأنماط معيشتها. وتعتمد الأحياء كلها بعضها على بعض في علاقة توصف بالآكل والمأكول، فهناك الأحياء المنتجة للطعام المنتجات، وقد تكون هذه المستهلكات آكلة للأعشاب مثل الأرانب والغزلان والمواشي، أو آكلات اللحوم كالنمور والأسود، أو آكلات للأعشاب واللحوم كالإنسان. وهكذا في ظاهرة طبيعية تحفظ للكائنات الحية توازنها.

ثانياً: قانون ثبات النظم البيئية:

من المعروف أن المحيط الحيوي نظام كبير الحجم، كثير التعقيد، متنوع المكونات، محكم العلاقات، يتميز بالإستمراراية والتوازن. وهذا النظام الكبير يتألف من مجموعة كبيرة من النظم البيئية الأصغر فالأصغر. ومن أمثلة هذه النظم البيئية الصحراء، والمنطقة العشبية، والمنطقة القطبية، والغابات والأرض المزروعة، والمناطق المائية وغيرها. وهذه الأنظمة البيئية، أنظمة مرنة الأتزان، دائمة التغير من صورة لأخرى. وهذا التغيير في الأنظمة البيئية قد يكون سريعا□ ومفاجئا□، وقد يكون بطيئا□ ومتدرجا□، بحيث لا يمكن ملاحظته.

وعليه فان الأنظمة البيئية في تغير مستمر، وكل نظام بيئي يهيئ الظروف لنظام لاحق، وعندما يحدث تغير ما إنخفاض معدل المطر إلى الحد الأدنى في نظام بيئي ما كالصحراء مثلا□ فان هذا النظام البيئي يصاب بالإختلال أعشاب قليلة وبالتالي مجاعة لآكلات العشب مما يدفع بالنظام البيئي إلى أخذ صورة إتزان جديدة عدد أقل لآكلات العشب. وهكذا كلما حدث تغير في مكون أو أكثر من مكونات النظام البيئي فانه ينتقل من صورة من الإتزان إلى صورة أخرى، أي أن الأتزان في النظام البيئي ديناميكي مرن وليس ثابتا□، إنما الثابت هو النظام البيئي نفسه.

ثالثا□: قانون محدودية الموارد البيئية:

تحدثنا عن البيئة بالمفهوم الشامل بأنها: هي ذلك الإطار الذي يحيا فيه الإنسان، ويحصل منه على مقومات حياته، ويمارس فيه علاقاته مع بني البشر، وتمثل مكونات هذا الإطار موارد متاحة للقيام بنشاطاته العملية والاقتصادية المختلفة. وتعرف الموارد البيئية على أنها الأشياء التي يسعى الإنسانللحصول عليها من أجل إشباع رغباته، وهي أشياء مفيدة، وأهم ما تتصف به هو احتوائها على عنصر المنفعة، فالماء والهواء وضوء الشمس والأرض والغابات والآلات كلها أشياء ذات فوائد عديدة، ومن ثم فهي تعتبر موارد اقتصادية. والإنسان في حد ذاته يمكن أن يكون موردا□ أو عائقا□. وفالتعليم

والتدريب وتحسين المستوى الصحي والوعي البيئي والوضع الأنسب للسكن والفضائل الاجتماعية هي عبارة عن موارد ذات فائدة اقتصادية، بينما الجهل والجشع وقلة عدد السكان أو زيادتهم، والصراع الطبقي والحروب هي تحديات وليست في مصلحة الإنسان ومنفعته. وتمثل الموارد البيئية المخزون الطبيعي الذي يقدم فوائد جمة للبشرية جمعاء، ممثلة فيما وهبه الله لنا من هواء، وشمس، وصخور، وتربة، ونباتات طبيعية، وحيوانات بري، أو بمعنى أخر كل من الغلاف الصخري والمائي والهوائي.

يمكن أن نصنف موارد البيئة إلى ثلاثة أقسام وهي:

القسم الأول: موارد البيئة الدائمة وهي التي لا يخشى عليها من خطر النفاد، وهي في عطاء مستمر ودائم، كالشمس والهواء.

القسم الثاني: موارد البيئة المتجددة: وهي التي تتجدد باستمرار من تلقاء نفسها، إلا أنه يجب المحافظة عليها، واستعمالها برشد، وهي كالنباتات والحيوانات البرية، والتربة.

القسم الثالث: موارد البيئة غير المتجددة: وهي ذات المخزون المحدود، والتي تتعرض للنفاذ لأن ما يستغل ويستهلك منها لا يمكن تعويضه، كالمعادن، ومصادر الطاقة كالفحم، والبترول، والغاز لطبيعي.

هناك ثلاثة قوانين ايكولوجية تنظم المكونات الطبيعية للبيئة، ويبقى التعامل مع البيئة في إطارها بعقلانية وترشيد وضبط في الاستهلاك. إلا أن واقع الحال لا ينبئ بذلك، إذا استقوى الإنسان على البيئة، وتجاهل قوانينها الايكولوجية وأسرف في استخدام مكوناتها واستنزف مواردها المتجددة وغير المتجددة. وهذا ما أدى إلى إتلاف الموارد الدائمة، وظهور مشكلات بيئية تهدد الإنسان في حاضره ومستقبله، كما تهدد سلامة الكوكب الأزرق، وهو البيئة الحياتية الكبرى التي يعيش عليها الإنسان.

وأساسيات النظام البيئي هي الغلاف الحيوي بيئة الحياة، نظام كبير الحجم، كثير التعقيد، متنوع المكونات، متقن التنظيم، محكم العلاقات، تجري عناصره في دورات وسلاسل، كل حلقة مهيئة لحلقة شقيقة.

وهي وحدة متكاملة يحرص الجزء فيها على الكل وللبيئة بنية واضحة المعالم والأبعاد، وتتمتع بكل خصائص ومعايير الأنظمة. فهي كنظام تتكون من مجموعة الأركان: الماء والهواء واليابسة والطاقة والمخلوقات الحية. وكل ركن فيها يوجد في أكثر من صورة أو حالة؛ فالماء صلب وسائل وغاز، والأكسجين يكون حرا في الهواء أو داخلا في بناء الكثير من المركبات كالماء وثاني أكسيد الكربون والكثير من خامات المعادن. والطاقة تكون على شكل ضوء أو حرارة كامنة في أنواع الوقود المختلفة. والعنصر الكيميائي الواحد يرتبط مع الكثير من العناصر الأخرى مكونا مركبات تتباين في خصائصها وتفاعلاتها، والأركان كلها تتبادل التأثيرات متخذة صورة لولب من علاقات الأخذ والعطاء، ماء يمتص وطاقة تمتص، ماء يطرح وطاقة تحرر، أكسجين يستهلك وأكسجين يحرر، معادن تدخل في بنيان الأحياء ومواد عضوية تحلل فتعود المعادن إلى التربة وهكذا. والأركان في جملتها تشكل كلا متكاملا يتميز بالاستمرارية والاتزان، وهذا النظام الكلي هو في واقعه مجموعة من الأنظمة الأصغر والأبسط تعرف بالأنظمة البيئية.

مفهوم النظام البيئي

يقصد بالنظام: مجموعة من الأجزاء الفرعية، تتعامل فيما بينها لخدمة هدف مشترك. والنظام البيئي: فهو عبارة عن أي وحدة تنظيمية أو مكانية تشمل كائنات حية، ومواد غير حية متفاعلة بحيث تؤدي إلى تبادل للمواد بين الأجزاء الحية وغير الحية.
ويقصد به كذلك: تلك الوحدة الطبيعية، التي تتألف من مكونات حية وأخرى غير حية تتفاعل فيما بينها أخذا□ وعطاءا□، مشكلة حالة التوازن الديناميكي أو المرن.
: وحدة النظام البيئي، حيث يمثل الملجأ أو Habitat ويمثل الموطن المسكن للكائن الحي، ليشمل جميع معالم البيئة من معالم فيزيائية وكيماوية وحيوية، بينما تعتبر المواطن الدقيقة والحيز Microclimate لتحدد المتغيرات الدقيقةالمتداخلة ووظيفة الكائن الحي Niche الوظيفي

ضمن النظام البيئي.

وأقسام النظم البيئية من حيث تدخل البشر إلى:

1- نظم بيئية طبيعية: تأثير الإنسان فيها ضئيل مثل السهول، الجبال، الأنهار، الأودية.

2- نظم بيئية مشيدة: تأثير الإنسان فيها كبير؛ حيث طورها أو أحدث فيها تغيرات هامة مثل: المدن التي أقامها، المزارع، الجسور، المؤسسات، الصناعة، الأنفاق.

ويتكون النظام البيئي من مكونات حية Biotic Components ومكونات غير حية Abiotic Components يتفاعل بعضها ببعض في مكان معين، وفق نظاما دقيقا في ديناميكية متزنة.

المكونات الحية Biotic Components: وتشمل الكائنات التي تتمتع بمظاهر الحياة من تغذية، وتنفس، وحركة، وتكاثر، أو تقسم بحسب شكل حصولها على الغذاء إلى كائنات منتجة ومستهلكة ومحللة. والمكونات الحية تشمل النباتات كالأشجار، والحيوانات كالحشرات والفقاريات، والكائنات المجهرية مثل الميكروبات كالبكتيريا والفطريات.

وتحتاج جميع الكائنات الحية إلى الغذاء بوصفه مصدرا للطاقة والنمو والتكاثر وكل الأفعال الحيوية. وتعد الشمس هي مصدر الطاقة لأي نظام بيئي. وهي طاقة نظيفة، وتمدنا بالدفء، وبالتالي الحياة، وتحصل النباتات الخضراء على الكثير من الطاقة التي تصلنا من الشمس بشكل مباشر بعملية التركيب الضوئي، ثم تتنقل إلى الكائنات الأخرى عن طريق التغذية والاستهلاك. المكونات غير الحية هي مكونات لا تتمتع بمظاهر الحياة، وتتكون من المواد العضوية مخلفات الأحياء والجثث والمواد غير العضوية.

وتقسم إلى ثلاثة أجزاء هي:

1. الجزء المائي ويشكل الوسط الذي تتم فيه التفاعلات والوظائف الحيوية للكائن الحي هي التغذية.

2. الجزء الغازي أي الهواء: يتألف الهواء من مزيج من الغازات أهمها غاز الآزوت 78%، والأوكسجين 20. 9 %، وثاني أوكسيد

الكربون بنسبة 0.003 %، بالإضافة إلى بخار الماء وغازات أخرى نادرة.

3. الجزء الصلب وهي اليابسة وتتألف من الصخور والرواسب والأتربة التي تتواجد وتعيش بها كائنات مختلفة، والعناصر المعدنية والعضوية الموجودة في التربة لها دور هام فيحياة الكائنات الحية وفي تكوين مادتها.

وهناك من وجد أن النظام البيئي يتكون من أربعة عناصر أساسية هي:

1- العناصر الطبيعية غير الحية: ويطلق عليها مجموعة الأساس؛ لأنها تضم مقومات الحياة الأساسية، وتشمل الماء والهواء وحرارة الشمس والتربة والصخور والمعادن المختلفة.

2- العناصر الحية المنتجة: تسمى المنتجة؛ لأنها تنتج غذاءها بنفسها من عناصر المجموعة الأولى وتتمثل في النباتات.

3- العناصر المستهلكة: تشمل بالدرجة الأولى الإنسان؛ لما يتمتع به من قدرات تأثيرية هائلة، إضافة إلى الحيوانات العشبية واللاحمة.

4- العناصر المحللة: تساعد عناصر التحلل على إعادة جزء من المادة إلى التربة لتستفيد منها العناصر الحية المنتجة، وتتضمن كائنات مجهرية تتمثل في الفطريات والبكتيريا.

وتتفاعل هذه العناصر مع بعضها البعض وفق نظام دقيق، حيث يعتمد كل عنصر على عناصر أخرى في علاقة تكاملية بما يضمن حفظ توازن النظام.

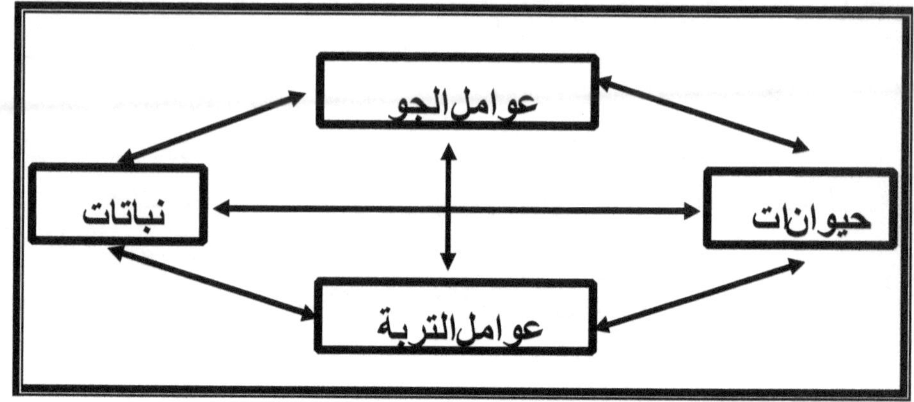

شكل 3: نموذج منظومة بيئية متوازنة

النظام البيئي وظاهرة التعاقب

يسبب التغير في العوامل الحية أو غير الحية أو الاثنين معا تغيرا في المجتمعات الحية، وهو ما يعرف بظاهرة التعاقب، وهو تطور منظم في الأنظمة البيئية يتسبب عن نشوء مجتمع حيوي بدلا من مجتمع حيوي سابق في المكان نفسه. وتتجه الأنظمة البيئية بشكل طبيعي نحو تكوين مجتمعات مستقرة تحتوي على أكبر كمية من المادة الحية SERIAL STAGES، وتعرف المراحل التطورية التسلسلية ، وتمتاز CLIMAX المجتمع الأخير والأكثر استقرارا بمجتمع الذروة الأطوار المبكرة بإنتاجية عالية وتنوع قليل في النباتات والحيوانات، كما تكون أقل استقرارا من الذروة وأكثر عرضة للتغيير البيئي المفاجىء.

التوازن البيئي واختلاله

لقد جعل الله سبحانه وتعالى من الأرض محورا للحياة الإنسانية في نسق كوني عظيم، فأمدها بجميع ما يحتاج إليه الإنسان من نبات وحيوان، وأدار الحياة على الكرة الأرضية في تناسق وتوازن نكاد لا نجد له شبيها □ في الكون، فتجسدت المعجزة الإلهية الكبرى في تجدد الحياة في دورات متتابعة متكاملة.

ومن أهم التحديات التي تواجه إنسان العصر الحالي المحافظة على التوازن الطبيعي البيولوجي في البيئة التي يعيش فيها، فنتيجة للتطور التكنولوجي السريع سيطر الإنسان على جميع أنواع الكائنات الحية الأخرى، وأخذ يغير في البيئة المحيطة، مما أدى إلى الإخلال بتوازنها.

أولا □: التوازن البيئي:

يقصد بالتوازن البيئي: ذلك التوازن بين الكائنات الحية وعلى قمتها الإنسان من جهة، والعناصر الطبيعية من جهة أخرى؛ فالإنسان بأنشطته المختلفة ومخلفاته وتفاعلاته، مع العناصر الطبيعية المحيطة به، والتأثير فيها والتأثر بها، وتعامله مع غيره من الكائنات الأخرى. وفهذا التوازن يتمثل إذا في كونه: "حصيلة حركة الحياة على سطح الأرض من بشر وحيوانات ونباتات استهلاكية للطاقة، وإنتاجية لها، حياة وموتا، فكل حي يموت، وكل ميت يتحلل إلى عناصر الحياة الأساسية، ومن ثم تتكون دورة بيولوجية كيميائية متكاملة، ومن ثم أيضا □ لا بد لهذه الدورة من توازن يضمن استمرار الحياة، فإذا ما اختل هذا التوازن نتيجة متغيرات في أحد مكوناته، نجمت عنه آثار مدمرة وخطيرة على الحياة في هذا الكوكب.

فالمقصود بالتوازن البيئي هو المحافظة على مكونات البيئة بأعداد وكميات مناسبة على الرغم من نقصانها وتجددها المستمرين. ويمكن تعريف التوازن البيئي كذلك بأنه: محور ضابط لتوجيه وضبط هذه الاستراتيجيات لاستخدام موارد البيئة من خلال الأساليب والسياسات التي تهدف إلى حسن التعامل مع البيئة والمحافظة على القدرات الإنتاجية للمحيط الحيوي على إنتاج الثروات المتجددة وعدم نضوب غير المتجددة منها.

يلاحظ أن مفهوم التوازن البيئي بهذا المعنى يكاد يكون مرادفا □ لمفهوم الأمن البيئي، والذي يقصد به: تحقيق أقصى حماية للبيئة بكافة جوانبها في البر والبحر والهواء، ومن أي تعد عليها قبل حدوثه، منعا □ لوقوع الضرر من هذا التعدي الذي لا يمكن تداركه،

وذلك من خلال اتخاذ الاجراءات الوقائية اللازمة سواء كانت من خلال سن القوانين واللوائح التي تمنع التصرفات المؤدية لهذا الضرر، أو باستخدام وسائل الملاحظة والمتابعة والقياس، أو وسائل التحذير وضبط الفاعل وأدوات الجريمة في حالة ارتكاب جرائم التعدي على البيئة، وذلك بتطبيق القوانين التي تعاقب على هذه الجرائم وتردع المخالفين.

ولتوازن البيئة ستة مظاهر تعمل على استمرار التوازن واستعادته إذا تعرضت لخلل وهي:

1. البقاء: ويقصد به أن يكون استعمال الموارد الطبيعية في حدود قدرة البيئة على إفراز بديل للموارد غير المتجددة بما يضمن استمرار تواجدها بالنسق الذي وجدت عليه.
2. الاستقرار: وهو يعني عدم تغير معالم البيئة؛ لأن خلاف ذلك يعتبر خلل جسيم يفوق قدراتها على استعادة توازنها.
3. النقاء: ويقصد به أن لا تتجاوز المخلفات القدرة الاستيعابية للبيئة.
4. النمو: نعني به أن يكون متوازن ومتناسق مع سائر محددات توازن البيئة التي سبق ذكرها.
5. التعايش: ويعتبر من أهم مظاهر هذا التوازن؛ حيث تتفاعل الكائنات فيما بينها بشكل يضمن بقاءها.
6. التجدد.

اختلال التوازن البيئي

هو الحالة التي تفوق فيها المخلفات القدرة الاستيعابية للبيئة، مما يؤدي إلى ظهور مشاكل بيئية، والتي أخذت طابعا دوليا؛ نتيجة زيادة التشابك الاقتصادي، والتأثير المتبادل بين الدول. ومن مظاهر الاختلال في التوازن الطبيعي للبيئة، والمشكلات البيئية على المستوى العالمي، والتي حظيت بالاهتمام خلال العقود الأخيرة:

1. ارتفاع درجة حرارة الأرض.
2. الخطر النووي.

3. تآكل طبقة الأوزون، والتي تعد أهم وأخطر هذه المظاهر؛ لما تشكله من تهديدا مباشرا لكوكب الأرض.

4. الأمطار الحمضية.

5. انحسار الغابات.

6. الجفاف والتصحر.

7. تهديد التنوع الحيوي.

8. مخاطر الأمراض والأوبئة.

9. مخاطر التكنولوجيا الحيوية.

10. انقراض الكثير من النباتات والحيوانات والكائنات البحرية.

11. مشكلات التلوث البيئي.

كل هذه المظاهر كانت سببا في تغير المناخ، وتوقع ارتفاع درجة الحرارة بمقدار ثلاث درجات مئوية بحلول عام 2050، وسيترتب عليه ارتفاع مستوى سطح البحر بمقدار يتأرجح بين 50 – 100 سم. ومن المحتمل أيضا أن يرتفع سطح البحر بمقدار مترين مع نهاية ذلك العام.

ويؤكد علماء البيئة وخبراؤها أن الإنسان هو العامل الرئيسي في اضطراب التوازن الطبيعي في هذا الكون؛ نتيجة لميله للاستفادة القصوى من مكونات البيئة دون أن يلقي بالأضرار التي تصيب المخلوقات الأخرى، وكذا استنزافه لموارد الطاقة من أجل رفاهيته على حساب زيادة النفايات والملوثات، هذا بالإضافة إلى عمليات البناء والتنمية، والجري وراء عمليات التعدين السطحي للقشرة الأرضية، فضلا عن التفجيرات النووية في الأجواء، والحروب الكونية.

ويقف العالم اليوم أمام قضية اختلال التوازن البيئي كما لو كانت مشكلة فجائية لم تنجم عن تراكم ممارسات خاطئة وجشعة على امتداد أزمان طويلة، وهكذا فإن قضية البيئة جعلت الإنسان وجها لوجه قبالة الحقيقة التي يريد أن يطويها بمسوغات لا أساس لها مثل: ضرورات التنمية، وتلبية الاحتياجات، وهذه المسوغات ـبالتأكيد لا

تصمد طويلا حين تتم موازنتها بالثمن الفادح الذي تدفعه البشرية اليوم.

علم البيئة

يتفق الخبراء والمختصون المعنيون بأن علم البيئية يحتل في الوقت الحالي حيزا □ هاما □ بين العلوم الأساسية والتطبيقية والإنسانية. ولعل من أهم ما دعا الإنسان المعاصر إلى النظر إلى علوم البيئية بهذه الجدية هي التفاعلات المختلفة بين أنشطة التنمية والبيئة، والتي تجاوزت الحدود المحلية إلى الحدود الأقليمية والعالمية. وأصبح الإنسان ينظر إلى هذه المستجدات كمشاكل عالمية لا تستطيع الدول إلا المجتمعة منها، أن تضع الأطر والحلول المناسبة لها.

وقد نشأ علم البيئة كحاجة موضوعية، ليبحث في أحوال البيئة الطبيعية، أو مجموعات النباتات، أو الحيوانات التي تعيش فيها، وبين الكائنات الحية الموجودة في هذه البيئة. وعلم البيئة يبحث في الأفراد والجماعات والمجتمعات والأنظمة البيئية، وحتى في الكرة الحية، ولذا يعتبر أحد فروع علم الأحياء الهامة، حيث يبحث في الكائنات الحية ومواطنها البيئية.

وترتبط مفاهيم علم البيئة ENVIRONEMENT بعلم الاقتصاد ECONOMICS ومعناها الإدارة البيئية، وقد يكون HOLD HOUSE الذي يعرف في بـ هناك توافق مشترك في لفظي علم البيئة وعلم الاقتصاد، وهذا لتوافق والـذي يعـني بيـت، وبـذلك يكـون OILOS OLTTECO الجـذر الإغريقي معرفة اقتصاد البيئة البيت لكائن مـا، يشكل فرعـا من فروع بيئة ذلكالكائن. وفي هذا الصدد يتعين علينا الكشف عن ماهية هذا العلم.

كلمة البيئة مشتقة من الفعل الثلاثي بوأ، وقال تبوأ منزلا أي أنزلته، وبوأت الرجل منزلا بمعنى هيأته، ومكنت له فيه. وهذا ربما يتفق مع ما جاء به العالم الألماني أرنست هيجل" الذي استعمل أول مرة كلمة ايكولوجي ECOLOGY أي علم البيئة عام 1866 المصطلح من أخذه وقد. الإغريقي المركب. ويعتبر علم البيئة أحد فروع علم الأحياء الهامة، وهو يبحث في الكائنات الحية ومواطنها البيئية، ويعرف على أنه:

"العلم الذي يبحث في علاقة العوامل الحية من حيوانات، نباتات وكائنات دقيقة مع بعضها البعض، ومع العوامل غير الحية المحيطة بها".

فمثلا بيئة الأشجار تتأثر بعوامل البيئة المحيطة من تربة ومناخ وعناصر فيزيائية بالجاذبية والضوء عوامل غير حية، ومن ناحية أخرى فهي على علاقة مع كثير من الكائنات الحية، والتي قد تكون دقيقة كالطحالب والفطريات، وقد تكون كبيرة كالطيور والزواحف والثدييات، فكلاهما يؤثر في الآخر سلبيا أو ايجابيا، ومحصلة هذه التأثيرات هي بيئة الأشجار.

ويعرف علم البيئة كذلك على أنه: دراسة الكائنات الحية في محيطها الحيوي، وكذا نموها الذي يتميز بالاستمرارية، ومن استبدال خلاياها الميتة بخلايا جديدة، ولكي يتم ذلك تبقى بحاجة بشكل دائم إلى العناصر الأساسية، فتحصل على الأوكسجين من الهواء، والهيدروجين من الماء، أما الكربون والأوزون فتحصل عليهما من الهواء أو من البحار أو الأنهار أو التربة. وطريقة الحصول على هذه العناصر من قبل النباتات والحيوانات تشتمل على دورتين معقدتين تبين كيف أن الكائنات الحية يعتمد بعضها على بعض وعلى عناصر المحيط الحيوي بكاملها.

ويعرف علم البيئة أيضا □ بأنه: علم يعنى بدراسة التفاعل بين الكائن الحي والوسط الذي يعيش فيه، وكذا تحديد التأثير المتبادل بين أي كائن حي والعوامل المؤثرة في الحيز المكاني. كما أنه علم يبحث في المحيط الذي تعيش فيه الكائنات الحية، أي المحيط الحيوي، والذي يشتمل على العوامل الطبيعية والاجتماعية BIOSPHERE والثقافية والإنسانية المؤثرة على الأفراد ومجموعة الكائنات الحية

بتحديد شكلها وعلاقتها وبقائها.

وعلم البيئة أيضا هو العلم الذي يعنى بالعلاقة المتبادلة بين الكائن الحي ومحيطه. وبما أن علم البيئة يختص بحياة مجموعة الكائنات الحية وعملياتها الوظيفية سواء أكانت تلك الكائنات في المياه العذبة أم المالحة أم اليابسة أم الهواء، لذا يمكن القول أن علم البيئة هو دراسة العلاقات للموارد الحية الطبيعية من حيث تركيبها ووظيفتها وموقعها، ويعد الإنسان جزءا من تلك الطبيعة والعلاقات المتبادلة.

ويختلف علم البيئة عن علم الايكولوجيا الذي هو أحد فروع علم الأحياء، والذي يعنى ببحث قدرة تحمل النظم البيئية والطبيعية المختلفة للتغيرات السلبية الطارئة عليها، كقدرة المياه ـعلى سبيل المثال على التخلص من الملوثات العضوية عن طريق التنقية الذاتية، فعلم البيئة هو علم شامل لأنه يتضمن علم SELF PURIFICATION للمياه الايكولوجيا ذاته، كما يتضمن مفهوم البيئة بأبعاده الواسعة البيئة الصناعية، أو المشيدة الحضرية، والبيئة الاجتماعية، البيئة الجمالية، إضافة إلى المعنى المتداول البيئة الطبيعية.

ومن خلال هذه التعريفات المعطاة لعلم البيئة نستنتج أن للعلوم البيئية دورا◻ في تشخيص المشكلات البيئية، وتحديد عواملها طبيعية كانت أم حضارية، واختيار وسائل معالجتها، وتلافي أخطارها، والتصدي لها. وبهذا فإن العلوم البيئية تعد من العلوم المتداخلة التي تتخطى الحدود التقليدية التي تفصل بين العلوم الطبيعية والإنسانية والتطبيقية بفروعها التقليدية كالعلوم الحياتية والكيميائية والجيولوجية والجغرافية والاقتصادية والهندسية بحيث تسد الفجوات بين تلك العلوم.

فروع علم البيئة

لقد وضعت عدة تقسيمات لعلم البيئة، وذلك بالاعتماد على نوع أو مجموعة أنواع من الأحياء، لذا يمكن تقسيمه إلى قسمين: علم البيئة الذاتية أو الفردية وهو علم يهتم بدراسة نوع واحد أو التدخلات الحيوية في مجموعة مترابطة من الأنواع في بيئة محددة، ولا بد هنا من استخدام التجربة في الدراسة، سواء المخبرية أو

الميدانية لجمع المعلومات البيئية. كما يهتم هذا العلم بدراسة كائن حي واحد SPECIES، أو مجموعة الكائنات الحية التي تعود إلى نفس النوع وذلك لدراسة علاقتها بالعوامل البيئية المحيطة من عوامل حياتية أو غير حياتية، وكمثال على ذلك: دراسة بيئة الإنسان أو بيئة بكتيريا القولون. . . وهكذا.

علم البيئة الاجتماعية وهو دراسة تجمعات الكائنات الحية، كما هي موجودة فيالطبيعة مجتمعة ومتداخلة في صورتها المعقدة. وفي تعريف آخر لهذا العلم: فإنه يعنى بدراسة المجاميع الحياتية المختلفة، أي أنواع مختلفة في منطقة محددة، من حيث علاقتها مع العوامل البيئية المحيطة بها مثل: بيئة الغابة أو البيئة الصحراوية أو بحيرة ما أو بيئة نهر. وهكذا يدعى هذا العلم كذلك بأنه علم بيئة الجماعة أو المجتمع أو البيئة الجماعي، أي العلم الذي يتعامل مع مجموعة من الكائنات أو مجموعة من العوامل. وهو دراسة جميع العوامل الحية جميع أنواع الكائنات الحية والعوامل غير الحية في منطقة بيئية محددة، وقد تكون الدراسة النظرية بناء على المعلومات المتوفرة من علم البيئة الفردية. وقد اتسعت دائرة علم البيئة لتشمل العديد من الفروع المتعددة به، ومنها إدارة الحياة البرية وعلم الغابات علم بيئة المتحجرات وعلم المحيطات وعلم تلوث البيئة وعلم النفايات البيئية. وقد بدأت المحاولات لتطبيق المجال الواسع لعلم البيئة إلى مجالات أخرى فظهرت علوم بيئية أخرى مثل:

1. علم البيئة الفيسيولوجي الذي يربط العوامل البيئية بالوظائف الفيسيولوجية وبالعلاقات المتواجدة فيها بين الكائنات الحية في منطقة أو مناطق مختلفة.

2. علم البيئة السلوكية BEHOVIAR ECOLOGY والذي يعنى بدراسة العلاقة بين سلوك الكائن الحي والعوامل البيئية المختلفة.

أما دراسة النماذج البيئي فتتمثل في التقدم في مجال الحاسوب، وخلال هذه الموديلات، واعتمادا على المعلومات البيئية المتوافرة لمنطقة معينة يمكن التنبؤ عن التغيرات المحتملة لبيئة تلك المنطقة

مستقبلا على سبيل المثال.

وهناك تقسيم آخر لعلم البيئة اعتمادا على الكائن الحي نوعا وعددا، حيث يقسم إلى ما يلي:

1. بيئة الفرد
2. بيئة الجماعة السكانية
3. بيئة المجتمع
4. بيئة المحيط الحيوي

وهناك تقسيم آخر لعلم البيئة نظرا لارتباطه ارتباطا وثيقا بالمكان وما يحويه من نظم حياتية، فعند النظر إلى الكرة الأرضية، نلاحظ نوعين متباينين من المحيط ENVIRONMENT وهما: المياه التي تشكل أكثر من 70% من الكرة الأرضية، واليابسة التي تمثل الجزء المتبقي.

لذا يمكن تقسيم علم البيئة إلى قسمين متميزين هما:

علم البيئة المائية ويهتم هذا العلم بدراسة الأحياء المائية وعلاقتها مع بعضها البعض من جهة، وأهم العوامل غير الحية المحيطة بها من جهة أخرى، وقد بدأ الاهتمام بدراسة هذا العلم في النصف الثاني من القرن العشرين، وبدأت الجامعات بتدريس مثل هذا العلم في كلياتها المختصة، وأنشأت مراكز بحثية لدراسة البيئة المائية، وقد قسمت الدراسة اعتمادا على عامل الملوحة إلى ثلاث بيئات مائية رئيسية هي:

1. البيئة البحرية
2. بيئة المياه العذبة
3. علم البيئة اليابسة

وفي تطور الدراسات للبيئة المائية، برزت الاهتمامات في دراسة بيئة المياه العذبة خلال تقسيم المياه الداخلية إلى نوعين رئيسيين هما:

1. بيئة المياه الراكدة: وتشمل البحيرات والمستنقعات والبرك، حيث تكون فيها حركة نسبيا ساكنة.

2. بيئة المياه الجارية : وتشمل الأنهار والجداول والقنوات والينابيع، والتي يلاحظ فيها حركة المياه واضحة، وقد تصل سرعة التيارات فيها إلى مديات واسعة.

تهتم هذه العلوم بدراسة الكائنات الحية وعلاقة بعضها البعض من جهة، وبقية العوامل البيئية ذات العلاقة من جهة أخرى، وذلك لسهولة الوصول إلى أية منطقة في اليابسة إذا ما قورنت مع البيئة المائية، واهتم العلماء في التركيز على تضاريس الأرض ومواقعها المختلفة كما يمكن تقسيم اليابسة حسب المجموعات الحياتية التصنيفية المختلفة، فعلى سبيل المثال: هناك بيئة الطيور، وبيئة الزواحف، وبيئة الحشرات.

أبعاد العلوم البيئية

يمكن تلخيص أبعاد العلوم البيئية بمفهومها الواسع على النحو التالي:
أولا: البيئة الطبيعية PHYSICAL ENVIRONMENT وتشمل النشاط الطبيعي للكرة الأرضية برمتها في علاقاتها المتنوعة مع الأشعة الكونية وأشعة الشمس، وما يحيط بها في هذا الكون الشاسع المترامي الأطراف، وهي تشمل:
1 الأرض: وهي تضم:
أ‌- التربة: مكوناتها وصفاتها وقدرتها الاحتمالية وتعريتها ونفاذيتها. . . إلخ.

ب- الطبوغرافية والشكل الخارجي لسطح الأرض: الوعورة والانحدار.

ج- التكوين الجيولوجي: التكوينات الصخرية والرواسب السطحية والتراكيب الجيولوجية كالتصدعات والثروات الباطنية وظواهر خاصة كالفيضانات والتصدعات والانزلاقات الأرضية والزلازل.
2- المناخ: ويشمل الأمطار، معدلات الحرارة، اتجاهات الرياح السائدة، الأعاصير طول الفصل، نمو النباتات. . . إلخ.
3- الغطاء النباتي: وهو يشمل الحيوانات البرية والمناظر الطبيعية.

أ‌– حجم ونوعية الغطاء النباتي والحيوانات البرية.

ب‌– الـنظم البيئيـة المتواجدة مثـل: مناطق حياة الحيوانـات البريـة الغابات والمسطحات المائية.

ثانيا: البيئة الاصطناعية الحضرية:

وهـي مـن صنـع الإنـسان وآثـاره، مـن حيـث التغيـرات التـي أحـدثها الإنسان، عبر

تاريخه القديم والحديث على سطح الأرض منذ ألوف السنين، وتضم:

1: استعمالات الأراضي المحيطة وصفاتها

أ‌– نوعية الاستعمال: سكني، صناعي، عام وغيرها.

ب‌– الكثافة السكانية وعدد السكان على الهكتار أو الكيلومتر المربع.

ج‌– ارتفاع المباني وكثافتها وتصميمها.

2: البنية التحتية والخدمات العامة

أ‌– إمدادات المياه من حيث النوعية والكمية.

ب‌– إدارة النفايات الصلبة والسائلة.

ج‌– تصريفات مياه الأمطار.

د‌– مصادر الطاقة من كهرباء ونفط وغيرها.

ه‌– خدمات عامة طرق، نقل، أماكن وقوف سيارات مطار اتو غيرها

3: مستوى التلوث

أ‌– مصادر تلوث الهواء وحجم الملوثات الهوائية.

ب‌– تكرار السكون الهوائي والظروف الخاصة للموقع.

ج‌– مصادر المياه الجوفية والسطحية ونوعيتها في المنطقة.

د‌– استعمال ونقل الأسمدة والمبيدات بأنواعها.

ه‌– مناطق معالجة النفايات الصلبة وصرف المياه القذرة.

و‌– مصادر ومستوى الضجيج والاهتزاز في المنطقة.

ثالثا: البيئة الاجتماعية :

1: الخدمات الاجتماعية العامة

أ‌– مواقع المدارس ومعدلات استيعابها.

ب- المنتزهات والخدمات الإقليمية.

ج- الخدمات الترفيهية والثقافية.

د- الخدمات الصحية والاجتماعية والدفاع المدني.

هـ المواصلات العامة الداخلية.

2 مناطق العمل والتجارة: وتتضمن الأسواق والمصانع ومجمعات التجارة والتسويق والشركات.

3 الخصائص الاجتماعية للسكان:

أ- الخصائص الاجتماعية والاقتصادية والثقافية والعرقية.

ب- حجم السكان وتوزيعهم وأماكن تجمعاتهم ونشاطاتهم المختلفة.

ج- ظروف السكان والحياة المعيشية والإدارة.

رابعا: البيئة الجمالية والخلقية المناطق التاريخية والأثرية والتراث الوطني.

أ- المناطق الطبيعية وجمالية التضاريس.

ب- الصفات المعمارية للمباني القائمة.

خامسا: البيئة الاقتصادية ECONOMIE ENVIRNMENT :

يرتبط مجال البيئة الاقتصادية بنشاطات الإنسان ونمط الإنتاج السائد؛ المتمثل في

أ- العمل والبطالة.

ب- مستوى الدخل للسكان.

ج- الطبيعة الاقتصادية للمنطقة.

علاقة علم البيئة بالعلوم الأخرى

كغيره من العلوم فإنه يصعب فصل علم البيئة عن غيره من العلوم الطبيعية البحتة، فهو مرتبط بكل فروع علم الأحياء كالفسيولوجيا، وعلم الحيوان والنبات والكيمياء الحيوية والوراثة، والتطور وعلم السلوك والبيولوجيا الجزئية والحيوية، ويرتبط علم البيئة أيضا بالعديد من العلوم الأخرى أهمها علم الإحصاء؛ وذلك لتوزيع

البيانات التي يحصل عليها الباحث البيئي توزيعا إحصائيا، ويستخدم الحاسوب في تحليل النتائج وإعطاء أفضل الوسائل لعرضها وتوضيحها، كذلك فهو يرتبط بعلم الكيمياء والفيزياء والجيولوجيا والهندسة، وله علاقة كبيرة مع علم الصيدلة والطب والزراعة بشتى فروعها.

وهناك أربعة فروع رئيسية من العلوم الحياتية لها صلة قريبة ومتداخلة مع علم البيئة وهي: الوراثة والتطور والسلوك؛ حيث أن التنافس بين أفراد النوع الواحد يقود إلى الاختلاف وراثيا، والبناء النسبي في تلك المنطقة يقود إلى التطور، وأن أكثر أنواع التطبع للأحياء المختلفة مرتبط بالبيئة التي يعيش فيها الكائن والمؤثرة في الطبيعة الفسيولوجية والسلوكية التي تؤدي دورا مهما في البقاء. ويعتمد علم البيئة على علوم المعرفة المختلفة كعلم المناخ والفيزياء والكيمياء والرياضيات والجيولوجيا والاجتماع والجغرافيا، فعلم البيئة يرتبط ارتباطا وثيقا بعلم الجغرافيا لكونه يبحث في تضاريس الأرض وحركة الرياح واختلاف الحرارة والضغط وحالات الجفاف والرطوبة وتساقط الأمطار ومواسمها، ثم معرفة أثر هذه الظواهر في حياة الكائنات الحية ومنها الإنسان.

والعوامل التي أدت إلى تطور علم البيئة :

– مشكلة التزايد السكاني في العالم: خاصة في دول العالم الثالث التي تعاني من المشكلات العديدة في كافة المجالات الاقتصاد – الصحة المجتمع – التغذية التعليم.

– انتشار الفقر والأمراض والمجاعة، وتفاقم المشكلات الاجتماعية في العديد من دول العالم، لاسيما دول العالم الثالث، التي لم تواكب التقدم العلمي والتقني بعد، بل أن هناك البعض منها التي تتراجع من حيث النمو والتطور، بسبب سوء التسيير وعمالة حكامها للغرب والحروب الأهلية وانعدام السياسة الديمقراطية الفعلية، وقمع المعارضة الفعالة.

– تناقص الغطاء النباتي: وبالتحديد الغابات بسبب اقتلاع الأشجار واستخدام أخشابها كمصدر للطاقة، وفي عمليات البناء، وأغراض

أخرى، وتقلص مساحات الأراضي الصالحة للزراعة بسبب التوسع العمراني، كما تعرضت الكثير من الأراضي الزراعية لظاهرة التصحر التي تهدد الثروة النباتية والزراعية، مما أدى إلى زيادة مساحة الرقعة الصحراوية مع تناقص عدد الحيوانات وانقراض بعضها.

– التقدم الصناعي الواسع المذهل: وما نجم عنه من أضرار للإنسان بسبب تلوث الهواء ومياه الأنهار والبحار والنباتات وغذاء الإنسان والحيوان، بالإضافة إلى تلوث المحاصيل الزراعية والمياه والتربة وإصابة الإنسان والحيوان بالأمراض، وهناك تلوث البيئة الناجم عن استخدام المبيدات الكيماوية والأسلحة النووية في الحروب.

– التقدم الكبير لوسائل النقل والاتصالات: مما أدى إلى تفاقم مشكلات تلوث البيئة، وإصابة الإنسان بمختلف الأمراض لاسيما التنفسية والجلدية.

– زيادة احتياجات الإنسان الأساسية والضرورية في ظل التقدم العلمي والتقني: مما أدى إلى نشوء مشكلات اجتماعية واقتصادية وأخلاقية.

– اهتمام برامج التعليم في العديد من دول العالم بالنواحي المادية والحسية مع تقليص الاهتمام بالعلوم الإنسانية والمواد الدينية والتربوية: حيث يعتبر هذا التقلص من أبرز الدوافع التي تضخم مشكلة الإدمان على المخدرات، والتي أصبحت من أخطر المشكلات التي يواجهها العالم اليوم.

– ظهور مشكلات جديدة أضافت أحمالا أخرى إلى بيئة الإنسان: مثل نقصان طبقة الأوزون وما يترتب عليها من أضرار على حياة الكائنات الحية التي تعيش على سطح الأرض، بالإضافة إلى الأمراض الفتاكة التي شكلت خطرا داهما على حياة الإنسان وعلاقاته الاجتماعية مثل: مرض الإيدز.

تعتبر العوامل المذكورة هي أبرز العوامل التي أدت إلى تطور علوم

البيئة، واستحداث التخصصات والدراسات التي تبحث في سبل النهوض بالبيئة وحمايتها والمحافظة على ثرواتها من نباتات وحيوانات برية وبحرية، وأشياء أخرى تمثل جانبا كبيرا من راحة الإنسان ورفاهيته والنهوض بمستواه العلمي والثقافي.

الاقتصاد والبيئة

إن النشاط الاقتصادي بصفة عامة يتم أو يجري داخل إطار محدد زمانا ومكانا، وهو ما يعني أنه يتأثر بالبيئة الطبيعية التي تمثل الإطار العام للمجتمع الذي يمارسه، سواء كان هذا النشاط زراعيا أو صناعيا أو في مجال خدمات هذا النشاط الاقتصادي، وإن كان يتأثر وفقا لمفهوم البيئة الذي سبق أن عرضناه بمجموعة المعطيات الاقتصادية والاجتماعية والتاريخية فإنه يعود ليؤثر بدوره فيها، بما يخلق نوعا من العلاقة التبادلية بينهما، بحيث يؤثر كل منهما في الآخر ويتأثر به. وقد أدرك المجتمع الارتباط الوثيق بين النشاط الاقتصادي والبيئة، ومن أمثلة ذلك الارتباط، ما ينتج عن مختلف مظاهر الصناعة، وما يتم من استهلاك للطاقة كالصناعات الكيماوية، وتصنيع المعادن، وما ينتج من محطات توليد الطاقة الكهربائية بالطاقة النووية من نفايات صلبة خطيرة تؤثر على صحة وسلامة الإنسان؛ حيث أكدت معظم الدراسات أنه لابد من بذل جهود عالمية لخفض استهلاك الطاقة؛ لأن انبعاثات الكربون في العالم ستصل إلى 10 – 12 بليون طن سنويا في عام 2020، وهذا يؤدي إلى ارتفاع درجة حرارة الأرض، وما يترتب عن ذلك من مشاكل بيئية كثيرة. وسوف نتعرف فيما يلي على طبيعة علم الاقتصاد، وعلاقته بالبيئة، ومدى تأثيره فيها أو تأثره بها. ويث أن كلمة "علم" بصفة عامة تعني: كل بحث منظم يجري طبقا لطرق تحليل محددة؛ بقصد استخلاص قوانين عامة عن الظواهر الفردية المتعددة، تبين الخصائص العامة الجزئيات الظاهرة الواحدة، وتحدد العلاقة بين هذه الظواهر بعضها ببعض، وتمكن من الكشف عما قد يحدث في المستقبل في كل حالة توجد فيها ظاهرة موضوع البحث. ويقصد بالعلم أيضا في معناه العام: مجموعة المعارف الإنسانية المنظمة والمتعلقة بالطبيعة

وبـالمجتمع وبـالفكر، والمستخلـصة عـن طريـق اكتـشاف القـوانين الموضـوعية التـي تحكـم الظـواهر الحـسية، وذلك بإستخدم منـاهج البحث العلمـي، وتقـوم وظيفـة العلم في الكشف عـن العلاقـات الفعليـة الثابتة بين الظواهر الجزئية في مكانها وزمانها، مع استبعاد العلاقات الوهمية العرضية والطبيعية.

فـالعلم إذا □ هـو: رصيد مـن المعرفـة المتخصصة، تـم تراكمـه مـن خـلال أسـاليب بحـث ومنـاهج دقيقة ومنظمـة، هذه المعارف عـادة مـا تكون في صورة فروض ونظريات قابلة للاختبار.

وبـذلك فـإن معظم العلوم تنشأ علـى أسـاس معالجة مشكلة معينـة، أو تفسير علاقات ومتغيرات معينة، وهذا هو شأن علـم الاقتصاد الذي اتخذ من العلاقة بين الإنسان متمثلا بحاجاته ورغباته غير المحدودة، وبين الطبيعة متمثلة بمواردها المحدودة، موضوعا للدراسة والبحث، وأصبحت هذه العلاقة الموضوع الرئيسي لعلم الاقتصاد التي باتت تعرف بالمشكلة الاقتصادية.

وقد تعددت تعريفات علم الاقتصاد مع مرور الزمن، وذلك استنادا □ لمعـايير متنوعـة، ويمكن التعبيـر عـن كثير مـن تلك التعريفات مـن خلال ذلك التعريف الذي يرى أن علم الاقتصاد هو: العلم الذي يبحث في كيفيـة إدارة المـوارد الاقتصادية النـادرة بالاستخدام الأمثـل لـها، وتطويرهـا وتخصيصها بمـا يتلاءم مـع طبيعـة المجتمـع وطبيعـة احتياجاتـه، كمـا أنـه يـدرس علاقـات المجتمـع الداخليـة والخارجيـة المتعلقة بالمشكلة الاقتصادية.

وبـذلك فـإن علـم الاقتصاد يبحث في أمور تتعلق بطبيعـة المشكلة الاقتصادية، ومنها:

1. دراسة ندرة الموارد الاقتصادية اللازمة لإشباع الحاجات.

2. البحـث في كيفيـة استغلال المـوارد وتخصيصها بمـا يتلاءم مـع طبيعة المجتمعات واحتياجاتها.

3. البدائل والخيارات المتاحة لدى المجتمع بسبب محدودية الموارد.

4. اهتمامه بتفسير العلاقات القائمة بين مختلف الظواهر الاقتصادية، والعلاقات السببية التي تساعد على التنبؤ بما سيحدث في المستقبل.

5. دراسة آلية السوق وجهاز السعر، وارتباط ذلك بكثير من المتغيرات الاقتصادية مثل: الناتج، التضخم، البطالة، معدلات الاستهلاك، الاستثمار، السياسات المالية والنقدية، والتجارة الخارجية وغيرها.

علاقة علم الاقتصاد بالعلوم الأخرى

يعتبر علم الاقتصاد علماً اجتماعياً، ولهذا فإنه لا يمكن في حقيقة الأمر فصل هذا العلم أو عزله عن العلوم الاجتماعية الأخرى؛ ذلك أن السلوك الإنساني في المجتمع إنما يكون وحدة واحدة مركبة ومتنوعة الموضوعات. وهو وجه واحد وليس قطاعا منعزلاً من هذا السلوك، وبالتالي فإنه لا يمكن للاقتصادي أن يتجاهل تماما الوجوه غير الاقتصادية للمشكلات التي يدرسها، وبذلك فإن لعلم الاقتصاد علاقة بالعلوم الأخرى ومنها:

1. علاقة علم الاقتصاد بالعلوم الإنسانية والطبيعية: يهدف علم الاقتصاد إلى معالجة المشكلة الاقتصادية والإنسان والطبيعة، حيث يمثل الإنسان الحاجات الاقتصادية، والطبيعة تمثل الموارد، وتحدد العلاقة بين الإنسان والطبيعة في طبيعة قوى الإنتاج، وعلم الاقتصاد يدرس السلوك الإنساني كعلاقة بين الحاجات والوسائل الموارد النادرة لذلك هو وثيق الصلة بالعلوم الإنسانية والطبيعة.

2. علاقة علم الاقتصاد بالسياسة: يعتبر الاقتصاد القاعدة المادية التي تنبثق عنها النظم السياسية، فالسياسة والاقتصاد متداخلان ويتأثر كل منهما بالآخر؛ فمعظم العلاقات الدولية السياسية تنتج عن العلاقات الدولية الاقتصادية.

3. علاقة علم الاقتصاد بعلم النفس: يشترك علم الاقتصاد مع علم النفس في دراسة السلوك الإنساني، والأول يدرس السلوك الخارجي للإنسان أي فيما يتعلق بإشباع حاجاته وسلوك الفرد

كمستهلك أو سلوك الفرد كمنتج، بينما الثاني يدرس السلوك الداخلي للإنسان الدوافع الداخلية.

4. علاقة علم الاقتصاد بالتاريخ: يعتمد علم الاقتصاد في تحليله ودراسته بالتطور الاقتصادي للبشرية بمراحله المختلفة على التطور التاريخي للإنسان نفسه؛ حيث نجد أن لكل مرحلة من تطور المجتمعات نظاما اقتصاديا خاصا بها، وهناك مدارس فكرية ونظريات اقتصادية ارتبطت بمراحل تاريخية معينة مثل المدرسة التجارية والطبيعية والفكر الكلاسيكي والكينزي، وجميعها تمثل أنماطا مختلفة بتحليلها للظواهر الاقتصادية.

5. علاقة علم الاقتصاد بعلم الأخلاق: يهتم علم الاقتصاد بالوسائل التي تشبع حاجات الإنسان، وقد تتناقض هذه الوسائل مع بعض المعتقدات الأخلاقية، فمثلا في سعي علم الاقتصاد لتحقيق العدالة في التوزيع ينسجم مع المعايير الأخلاقية، وكذلك في سعيه لتحقيق درجة من الرفاه الاجتماعي.

6. علاقة علم الاقتصاد بالبيئة: إن الشيء الملاحظ في السنوات الأخيرة أن الاقتصاديين أصبحوا أكثر اهتماما بالموضوعات المتعلقة بالبيئة، والتي ترتبط بنجاح جهود التنمية، وعلم الاقتصاد له علاقة قوية بالبيئة، وسوف نتناول هذه العلاقة بالتفصيل في الفصول التالية.

الموارد الاقتصادية وعلم الاقتصاد

أولا □: تعريف الموارد الاقتصادية:
لقد أصبحت الموارد الاقتصادية من الموضوعات الحيوية؛ نظرا لارتباطها الوثيق بالتقدم الاقتصادي، فهناك الموارد الطبيعية بشقيها الزراعي والمعدني، والموارد المصنعة، بالإضافة إلى الموارد البشرية. ولقد ترتب على نمو السكان وحاجتهم الماسة للموارد البيئية الملموسة وغير الملموسة زيادة كبيرة في الطلب عليها. وقد أدرك الإنسان منذ مهبطه إلى الأرض، أن مقدار سلطانه على حياته وأمر معيشته إنما يتحدد بمقدار ما في حوزته من مال أو من موارد مادية

وبشرية. وقد عرف أن احتياجاته متزايدة، وأن كوكبه بما فيه من موارد محدود نسبيا، ولذلك كان شغله الشاغل هو تنمية وزيادة ما في حوزته من موارد حتى يضمن احتياجاته المتزايدة والمتجددة.

ولقد سلك الإنسان في سبيل ذلك مسالك شتى، منها الهجرة إلى مناطق جديدة، ومنها الحروب والسطو والابتزاز، ومنها القهر والاسترقاق، ومنها التجارة والتبادل السلعي، كذلك راح يضع الحدود الجغرافية، ويسن القوانين التي تؤكد تملكه لموارده وتستبعد غيره من الاستفادة بها.

ومن هنا يمكن تعريف المورد الاقتصادي على أنه: رصيد ذو قيمة اقتصادية نفعية إشباعية يترتب على استغلاله تيار من المنافع أو الإشباع.

وتشير الكتابات الاقتصادية إلى أن مشكلة التخلف ليست هي الفقر في الموارد وإنما هي الافتقار إلى الاستخدام الأفضل والمناسب للموارد الطبيعية المتاحة في البيئة. ونتيجة للجهل أو الضرورة الاقتصادية، فإن بعض فئات المجتمع تقوم بعملية تدمير واستنفاد للموارد التي تعتمد عليها الحياة، وكذلك تزايد الضغوط لزيادة الضرائب على الموارد البيئية في الدول النامية والتي تؤدي إلى نتائج خطيرة على الاكتفاء الذاتي في العالم الثالث وعلى توزيع الدخل وكذلك النمو المرتقب في المستقبل.

ويواجه العالم نوعين من التخوف:

أولهما: استنفاذ الموارد الطبيعية والذي قد يصل إلى النضوب الكامل وخاصة للموارد المعدنية والطاقة.

وثانيهما: عجز الطبيعة عن التخلص السليم من المواد المتبقية من استغلال الموارد بصفة عامة والمعادن بصفة خاصة.

تصنيف الموارد

يتبين من التعريف السابق أن المورد هو كمية يصير قياسها في نقطة زمنية معينة، فالمورد الاقتصادي قد يكون طبيعيا أو غير طبيعي، وقد يكون ملموسا أو غير ملموس، كما يكون ماديا أو بشريا، كذلك قد يكون المورد متجددا أو غير متجدد. كما أن الموارد تختلف في

درجة توافرها في الأماكن المختلفة، فقد يكون المورد متوافر في كل مكان أو يكون مركزا☐ في مكان واحد.
فالموارد الطبيعية: هي التي تعتبر هبة من الخالق سبحانه وتعالى. أما الموارد المصنعة "غير الطبيعية": هي التي ينجح الإنسان في صنعها بفكره وعلمه وجهده؛ لتساعده على الإنتاج، وتزيد من فاعلية استغلاله للموارد الطبيعية. والموارد الطبيعية والمصنوعة يمكن أن نجمعها في تصنيف واحد هو "الموارد المادية" في مواجهة مورد اقتصادي آخر لا يقل أهمية بل ربما يزيد في الأهمية ألا وهو "المورد البشري" أي "الإنسان". فالموارد البشرية: هي التي تسهم بقوة العمل الذي يزاول العملية الإنتاجية ويخلق المنافع الحقيقية. والمورد البشري يطلق على القوى العاملة، ودرجة مهاراتها، ومستوى تكوينها المهني، ودرجة تنظيمها وانضباطها.
كذلك يكون المورد الاقتصادي ملموسا ويكون غير ملموس:
فالموارد الملموسة: هي تلك الموارد التي لها كيان مادي ملموس مثل الأرض وما عليها، وما في باطنها، والموارد البشرية، ورؤوس الأموال المختلفة.
أما الموارد غير الملموسة: فهي مثل مناخ الديمقراطية، والأمان، والاستقرار السياسي.
وقد يكون المورد الاقتصادي المعين متجددا وغير متجددا، فبالنسبة للموارد المتجددة: فهي تلك التي تتمتع بطبيعة حيوية متكاثرة مثل: مصايد الأسماك، وقطعان الحيوانات البرية، والأراضي الزراعية، والغابات والمراعي. فإن معدل نمو هذه الموارد يتحدد بطرق استغلالها، وبمدى استيعاب البيئة للمزيد من أعداد وحجم هذه الموارد. وأهمية هذه التفرقة إنما ترجع إلى ضرورة تحديد المعدل الأمثل لاستغلال الموارد في كل حالة على حدة، فمخزون البترول والغاز مثلا عرضة للنفاذ ذلك لأن المخزون المؤكد لكل مورد منهما يتناقص باستمرار الإنتاج.

أهمية دراسة الموارد الاقتصادية

لقد أصبحت معظم دول العالم في الوقت الحاضر تجد صعوبات بصدد توفير ما تحتاج إليه من سلع، بل إن بعضها يعاني من تعذر تدبير العديد من السلع، ويرجع ذلك إلى تزايد وتعدد الحاجات، وإلى التقدم والتطور الذي شهده العالم منذ الثورة الصناعية، كما يرجع إلى نفاذ ونضوب بعض مصادر الإنتاج.

علم الاقتصاد والموارد الاقتصادية

ينفرد علم الاقتصاد بالبحث في وصف وتحليل سلوك الإنسان في إشباعه الحاجات المختلفة والمتزايدة من خلال استخدامه للموارد المحدودة ذات الاستخدامات المتنافسة بأقل تكلفة وأكثر إشباع. وعلم الاقتصاد هو علم إدارة الموارد النادرة في المجتمع البشري، ودراسة طرق التكيف التي يتعين على البشر إتباعها؛ كي يعادلوا بين حاجاتهم غير المحدودة وبين وسائل تحقيق هذه الحاجات المحدودة والنادرة.

تمثل المشكلة الاقتصادية محور علم الاقتصاد، وهي تدور حول ما هو مشاهد في الحياة الواقعية من ندرة نسبية في الموارد القابلة لإشباع الحاجات المختلفة من جهة، وتعدد الحاجات الإنسانية وتزايدها المستمر من جهة أخرى، وهذا ما جعل من المشكلة الاقتصادية مشكلة عامة بالنسبة لكافة المجتمعات الإنسانية أيا كانت درجة تقدمها أو تطورها الاقتصادي والتكنولوجي.

ومن نافلة القول أن حدة هذه المشكلة، تختلف في المجتمعات المتقدمة عنها في المجتمعات المتخلفة. وهذه الأخيرة تعاني بدرجة أكبر من المشكلة؛ نظرا لظروفها الاقتصادية المعقدة ولضعف هيكلها الاقتصادي. ولقد أصبحت معظم دول العالم في الوقت الحاضر تجد صعوبات بصدد توفير ما تحتاج إليه من سلع؛ ويرجع ذلك إلى تزايد وتعدد الحاجات، وإلى التقدم والتطور الذي شهده العالم منذ الثورة الصناعية، كما يرجع إلى نفاذ ونضوب بعض مصادر الإنتاج. وهذا كله يحتم علينا استخدام تلك الموارد على أفضل نحو مستطاع؛ حتى يمكننا الوصول إلى أقصى إشباع. وتنشأ مشكلة الاقتصاد من

العلاقات المتطورة تاريخيا بين أفراد المجتمع الإنساني وخاصة فيما يتعلق بالملكية والتوزيع.

فالمشكلة الأولى: تظهر بسبب أن الجزء الأكبر من الموارد غالبا لا يصلح لإشباع الحاجات الإنسانية، لهذا لزم تدخل الإنسان عن طريق العمل ليحور من تلك الموارد الطبيعية، وليجعلها صالحة لإشباع الحاجات الإنسانية. وتقتضي هذه العملية صراعا بين الإنسان والطبيعة تحكمه قوانين طبيعية وعامة وأوضاعا فنية تختلف باختلاف الزمان والمكان.

أما المشكلة الثانية: تظهر بسبب أن الحاجات الإنسانية كثيرة ومتنوعة ومتزايدة، وبالمقابل فإن الموارد التي تعطيها الطبيعة محدودة، ومن هذا الوضع تخلق المشكلة بين توزيع الموارد المحدودة على الحاجات الإنسانية الغير محدودة. وهذه الوضعية تقتضي تحديد الحاجات التي تشبع، والقدر الذي يتم إشباعه، وتلك التي تتم من خلال الإشباع، أي التقابل بين الحاجات الإنسانية غير المحدودة والموارد الطبيعية التي تقتضي تدخل الإنسان لتحديد أولويات لإشباع الحاجات.

فالحاجات المتعددة والموارد المحدودة حقيقتان تفرضان نفسهما على أي مجتمع كان، بغض النظر عن مدى تقدمه وتطوره، وبغض النظر عن النظام الاقتصادي المتبع، لكن المشكل الاقتصادي يكاد يكون واحدا □ عبر كافة النظم الاقتصادية، لكن الكيفيات التي يتم بها اتخاذ القرارات تختلف، وهكذا تختلف النظم الاقتصادية من حيث الهيكل أو الترتيب أو تكوين الأطراف التي تتخذ الإجراءات الاقتصادية.

خصائص وأسباب المشكلة الاقتصادية:

1. الندرة: يعتبر عامل الندرة من أهم عوامل المشكلة الاقتصادية، والندرة بالمفهوم الاقتصادي لا تعني عدم وجود الشيء، إنما عدم الكفاية فيه؛ لأن توفر الموارد الاقتصادية بكميات محدودة لا تفي بسد حاجات المجتمع يعني أن المجتمع يواجه مشكلة الندرة،

وكلمـا كـان عامـل النـدرة فـي المـوارد الاقتصادية قائمـا كانت المشكلة الاقتصادية قائمة.

2. عامل الاختيار: بسبب محدودية الموارد من ناحية وتعدد حاجات المجتمع من ناحية أخرى، سيواجه المجتمع مشكلة الاختيار بين الحاجات التي يمكن إشباعها من خلال الموارد المتاحة وإبقاء حاجات أخرى غير مشبعة، مما يعني بقاء المشكلة الاقتصادية قائمة.

3. عامـل التـضحية: تتـصف المـوارد الاقتـصادية باستخداماتها المتعددة، بمعنـى أن المجتمـع قـد يحتـاج المـورد الواحـد لعـدة استعمالات، ولكن بسبب عامل الندرة أي محدودية الموارد فقد يضطر المجتمع أن يوجه موردا □ معينا □ لاستعمال ما، وبالتالي يضحي بالاستعمالات البديلة لهذا المورد.

تتـضمن المـشكلة الاقتـصادية عناصـر رئيـسية تواجـه معظـم المجتمعـات، وتـرتبط هـذه العناصـر بجوهر المـشكلة الاقتصادية المتمثل في تعدد الحاجات وندرة الموارد اللازمة لإشباعها، وأهمها: "مـاذا ننـتج؟ كيـف ننـتج؟ لمـن ننـتج؟". وهنـاك بعـض الجوانـب الاقتصادية المتعلقة بالموارد الطبيعية، سواء كانت متجددة أم غير متجددة، وبالنـسبة للمـوارد الطبيعيـة المتجـددة فهنـاك جانبا العرض والطلب المتعلقان بسطح الأرض والمسطحات المائية، أما بالنسبة للمـوارد الطبيعيـة غيـر المتجددة فهنـاك جانبا العرض منها والطلب عليها.

المشكلات التى يتناولها علم الاقتصاد:

1. مشكلة الرفاهية الاقتصادية
2. اختيار التقنيات الإنتاجية
3. مشكلة توزيع الناتج الوطني.
4. مـشكلة التوظيف الكامـل للمـوارد أي استخدام المـوارد النـادرة المتاحة للوصول إلى أقصى أشباع ممكن.
5. مشكلة الاستخدام أو التوظيف الأمثل للموارد أو التوزيع الأمثل
6. مشكلة الكفاءة الاقتصادية.

7. مشكلة النمو الاقتصادي.

اقتصاد البيئة

إن النشاط الاقتصادي بصفة عامة يتم أو يجرى داخل إطار محدد زمانا□ ومكانا□، وهو ما يعني أنه يتأثر بالبيئة الطبيعية التي تمثل الإطار العام للمجتمع الذي يمارسه، سواء كان هذا النشاط زراعيا أو صناعيا أو في مجال خدمات هذا النشاط الاقتصادي، وهذا النشاط إن كان يتأثر وفق لمفهوم البيئة الذي سبق أن أوضحناه بمجموعة المعطيات الاقتصادية والاجتماعية والتاريخية فإنه يعود ليؤثر بدوره فيها، بما يخلق نوعا من العلاقة التبادلية بينهما، بحيث يؤثر كل منهما في الآخر ويتأثر به. وقد أدرك المجتمع الارتباط الوثيق بين النشاط الاقتصادي والبيئة، ومن أمثلة ذلك الارتباط، ما ينتج عن مختلف مظاهر الصناعة، وما يتم من استهلاك للطاقة كالصناعات الكيماوية، وتصنيع المعادن، وما ينتج من محطات توليد الطاقة الكهربائية بالطاقة النووية من نفايات صلبة خطيرة تؤثر على صحة وسلامة الإنسان، وقد أكدت معظم الدراسات أنه لابد من بذل جهود عالمية لخفض استهلاك الطاقة؛ لأن انبعاثات الكربون على سبيل المثال في العالم ستصل إلى 10 – 12 بليون طن سنويا في عام 2020 وهذا يؤدي إلى ارتفاع درجة حرارة الأرض، وما يترتب عن ذلك من مشاكل بيئية كثيرة.

ونتعرف على طبيعة العلاقة بين علم الاقتصاد والبيئة، ومراحل تطور هذه العلاقة، وآثار ونتائج هذه العلاقة. يعرف الاقتصاد البيئي بأنه: فرع من فروع العلوم الاقتصادية، يعالج العلاقة بين المجتمعات البشرية والبيئة في إطار السياسات الاقتصادية البيئية، وهدف الاقتصاد البيئي هو إدماج البيئة في الإطار الخاص بالعلوم الاقتصادية، وهذا ما تجاهله الاقتصاديون النيوكلاسيك.

ويمكن أن نميز بين مستويين لاقتصاد البيئة:

1. اقتصاد البيئة الجزئي على مستوى المؤسسة : وهو يمثل جزءا من اقتصاد المؤسسة الذي يهتم ويحلل علاقة المؤسسة بالبيئة الطبيعية، والتطور النوعي للبيئة المحيطة، وأثر السياسات البيئية على المؤسسة، ولاقتصاد البيئة على مستوى المؤسسة المهام التالية:

- دراسة وتحليل إجراءات حماية البيئة على المؤسسة وأهدافها، وعلى تعظيم الربح فيها.

- تقديم المشورات والنصائح للمؤسسة المناسبة مع متطلبات حماية البيئة.

- المساهمة في توجيه الإنتاج بما تقتضيه التوجهات والتعليمات واللوائح البيئية.

- دراسة الاستثمارات البيئية التي تحد من الأخطار البيئية.

- إعطاء المعلومات حول تكاليف حماية البيئة ونفقات الاستثمار وتأثير حماية البيئة على حسابات الأرباح والخسائر وتحليل الجدوى البيئية للمشاريع.

- إعطاء النصائح وتحليل المشاكل ودراسة آفاق المستقبل لبعض فروع الاقتصاد الوطني في ضوء التطورات البيئية كمؤسسات الخدمات والنقل وحماية البيئة والتجارة والتأمين.

ب اقتصاد البيئة الكلي: فهو يتناول مشاكل البيئة على مستوى الاقتصاد ككل، ومن أهدافه الوصول إلى مستويات أعلى من الرفاه الاجتماعي المستديم الذي يأخذ في الاعتبار المحافظة على نوعية البيئة عند مستويات عليا، وهو يعالج الموضوعات التالية:

- التقويم المادي والنقدي للأضرار البيئية، وكذلك تقويم التحسين البيئي الناجم عن السياسة البيئية في النشاطات الحكومية والخاصة.

- تحديد ودراسة الصلات القائمة بين البيئة والأهدافالاقتصادية الكلية وكذلك الصلات القائمة بين السياسات الاقتصادية والسياسة البيئية.

وظائف الاقتصاد البيئي

لاقتصاد البيئة مجموعة من الوظائف يجب أن يقوم بها أهمها:

أ   يعتبر جزء من الاقتصاد الكلي، أي ليس فقط تخصيص التكاليف على مستوى المؤسسة وإنما التكلفة على مستوى المجتمع وعلى الاقتصاد ككل.

ب   تقديم المعلومات والاستشارات التي يمكن على أساسها اتخاذ القرارات وذلك من خلال:

• تقويم الأضرار البيئية وإجراءات حماية البيئة ونتائج تلك الإجراءات.

• تقويم تطور أدوات السياسة البيئية سواء المحلية منها أو العالمية وتحديد إلى أي مدى تم حل المشاكل الموجودة

• تقويم تأثير حماية البيئة على الأهداف الاقتصادية الكلية وتحديدا على العمالة والنمو الاقتصادي.

• تقويم العلاقات بين السياسات البيئية والاقتصادية ذات الصلة، فالسياسة البيئية تؤثر في السياسات الأخرى، كالسياسات الإقليمية وسياسة النقل والمواصلات وسياسة الطاقة والموارد

علم الاقتصاد له علاقة قوية بالبيئة عن طريق:

1. يرتكز مفهومي علم الاقتصاد والبيئة على عنصر الموارد.
2. الهدف النهائي لعلم الاقتصاد هو إشباع الحاجات الإنسانية المتعددة والمتجددة، وهذا الإشباع لن يتحقق إلا من خلال الموارد البيئية.
3. الإنسان والسلوك الإنساني هو المحور الأساسي للدراسات المتعلقة بالبيئة.

4. تتمثل المشكلة الاقتصادية في الندرة النسبية للموارد، ويعمق هذه الندرة التلوث البيئي، ومن ثم فإن إدارة البيئة لا يمكن أن تنفصل عن مجال علم الاقتصاد.

5. يهتم علم الاقتصاد بموضوع التلوث البيئي؛ نظراً للآثار الاقتصادية المترتبة عليه.

يهتم علم الاقتصاد البيئي بثلاثة مواضيع أساسية هي :

أ– تحديد الآثار الاقتصادية المترتبة على التدهور البيئي.

ب– معرفة أسباب ومصادر التدهور البيئي.

ج– استخدام الأدوات الاقتصادية التي من شأنها منع حدوث التدهور البيئي.

وتقع العلاقة بين الاقتصاد والبيئة تحت قائمة العلاقات التبادلية. وتعني العلاقات التبادلية بين البيئة والنظام الاقتصادي:

1. أن البيئة تقدم للاقتصاد الموارد الطبيعية، التي تتحول عبر عملية الإنتاج والطاقة المحترقة إلى سلع إستهلاكية، ثم تعود هذه الموارد الطبيعية والطاقة في النهاية إلى البيئة في صورة مخلفات غير مرغوبة.

2. يتلقى المستهلكون أيضاً خدمات بيئية مباشرة كالهواء النقي والمياه العذبة والترفيه والصيد والرحلات الخلوية، وفي النهاية يستخدمون البيئة كمستودع للتخلص من هذه المخلفات Wastes الناتجة عن إستهلاك السلع والخدمات، وبالتالي توصف العلاقة بين البيئة والنظام الاقتصادي بأنها نظام مغلق Closed System.

تعتبر البيئة مورد طبيعي يزود المجتمع بعدد من الخدمات الأساسية التي تدعم الحياة البشرية، فتمده بالمواد الخام والطاقة اللازمة لتحويلها إلى سلع استهلاكية من خلال عملية الإنتاج، ثم تستقبل هذه المواد والطاقة في شكل مخلفات ناجمة عن عملية الإنتاج والاستهلاك. ويشترط لاستمرار البيئة بهذه الخدمات الأساسية ألا يزداد حجم المخلفات الإنتاجية والاستهلاكية عن القدرة الاستيعابية للبيئة. ودراسة العلاقة بين الاقتصاد والبيئة عبر الزمن وما نجم عنها في الماضي من مشكلات بيئية من الأهمية بمكان حتى يمكن اختيار

مناهج من النمو الاقتصادي والتنمية الاقتصادية متوائمة مع الحفاظ على البيئة.

تطورت العلاقة بين الاقتصاد والبيئة عبر أربع مراحل زمنية متعاقبة، شهدت المرحلة الأولى تحقيق نمو اقتصادي باستغلال أكبر قدر ممكن من الموارد البيئية. وفي المرحلة الثانية أخذت شكل محاولة تحقيق النمو الاقتصادي مع حماية البيئة من الآثار السلبية. بينما اتسمت المرحلة الثالثة بتحقيق نمو اقتصادي مع إدارة الموارد البيئية. أما المرحلة الرابعة يطلق عليها التنمية الاقتصادية البيئية"التنمية المستدامة"؛ حيث يراعى فيها تكامل المعرفة الاقتصادية والمعرفة البيئية عند اتخاذ القرارات المرتبطة بتنمية المجتمعات. وسوف نتناول فيما يلي خصائص كل مرحلة من تلك المراحل.

المرحلة الأولى: مرحلة تحقيق نمو اقتصادي باستغلال أكبر قدر ممكن من الموارد البيئية:

امتدت هذه المرحلة من بداية الفكر الاقتصادي حتى الستينات من القرن الماضي. وقد اتسمت النظرة إلى البيئة خلال تلك الفترة على أنها مصدر لا ينضب من الموارد الطبيعية اللازمة لخدمة الإنسان، وأنها وعاء غير محدود لتلقي المخلفات الإنتاجية والاستهلاكية المترتبة على النشاط البشري، وارتبطت هذه النظرة إلى البيئة بعدم ظهور مشكلة ندرة هذه الموارد، لذا لم يتعامل معها الاقتصاد. بالسلع والخدمات H يزود القطاع العائلي Bقطاع الأعمال H الموارد الإنتاجية من القطاع Bوالاستهلاكية، وبالمقابل يتلقى القطاع والتي تستخدم بدورها في إنتاج السلع والخدمات الاستهلاكية، ولذا فإن حجم الناتج القومي الإجمالي في هذا النموذج يعتمد على حجم الموارد الاقتصادية وليس الموارد البيئية؛ لأنها اعتبرت موارد مجانية لكونها موارد غير نادرة. علاوة على هذا فإن نماذج النمو خلال هذه الفترة لم تأخذ كذلك في الحسبان الاعتبارات البيئية عند تفسيرها لأسباب النمو الاقتصادي. إلا أن الاقتصاديين الأوائل

الكلاسيك نبهوا إلى مسألة نفاذ الموارد الطبيعية وخطورة المشكلة، ولكن دون أن يصاحب ذلك تغيير في نمط النمو، فظهر كتاب يبين أن زيادة 1789 عن السكان في سنة Robert Maltus روبرت مالتوس عدد السكان بصورة أقرب إلى متتالية هندسية، بينما زيادة المواد الغذائية بصورة أقرب إلى متتالية حسابية، وبالتالي احتمال حدوث اختلال بين السكان والغذاء. ورأى مالتوس أيضا أن ندرة الموارد الأرض الزراعية وضآلة معدل تزايدها في ظل تزايد عدد السكان المستمر هي المسئولة عن تناقص الغلة، وعليه فإن أي زيادة في الإنتاج ترتبط بنمو السكان تكون على أساس تكلفة متزايدة بالنسبة للإنتاج الإضافي.

ولذلك فإن عنصر الأرض عامل محدد للنمو، وأن الطلب على المنتجات الزراعية هو الذي يحدد مستوى الربح؛ لأنه يحدد أسعار السلع الزراعية على أساس أن عرض الأرض ثابت، وبالتالي فإن إنتاجها من السلع الزراعية محدود وزيادة الطلب يؤدي إلى ظهور فائض يحصل عليه ملاك الأراضي. وميز بين نوعيات مختلفة من الأرض حسب درجة جودتها، وتستغل هذه الأراضي عندما يزيد عدد السكان، وتتزايد التكلفة الحدية مع زيادة الإنتاج كلما انتقلنا من قطعة أرض أكثر جودة إلى أخرى أقل جودة.

أقل اقتناعا John Stewart Mill في حين كان جون ستيوارت ميل بانطباق التناقص في الواقع العملي، وشهد بنفسه حدوث النمو الاقتصادي في منتصف القرن التاسع عشر على الرغم من تزايد أن السكان المستمر 1837، ويرى ميل في كتابه الاقتصاد السياسي سنة الحل يكمن في تغير سلوك الطبقة العمالية عن طريق التقدم الاقتصادي وزيادة مستوى التعليم؛ حيث تصبح الطبقة العاملة أكثر قدرة على التحكم في زيادة أعدادها.

بينما يوضح النموذج الاقتصادي النيوكلاسيكي والذي يمكن الوصول إليه من أفكار "سولو، كالدور، وشومبيتر" أن القيود على النمو الاقتصادي تتمثل في الحجم المتاح من العمل والأرض، أما رأس المال يتراكم بالاستثمار السنوي، فيتضح عدم اهتمام نموذج النمو

هذا بالموارد البيئية .

رأي روستو أن المجتمع يمر بأربعة مراحل متعاقبة في اتجاه النمو الاقتصادي استنادا إلى الواقع التاريخي بدءا من مرحلة المجتمع التقليدي إلى مرحلة التهيؤ للانطلاق نحو النمو الذاتي فمرحلة الانطلاق ثم مرحلة السير نحو النضج والمرحلة الأخيرة مجتمع الاستهلاك الوفير، فالنمو الاقتصادي حسب هذه النظرية يعتمد بدرجة أكبر على التركيبة الداخلية للمجتمع وعلى العلاقة بين أبعاده وتنظيماته الاقتصادية والاجتماعية والسياسية، ولـم يلاحظ دور الموارد البيئية في تحديد مسار النمو الاقتصادي ويعتبر هارود دومار رأس المال هو المسبب الرئيسي للنمو ويهمل ليس فقط دور الموارد البيئية بل يهمل دور الموارد البشرية في تحقيق هذا النمو. وبذلك فإن نظريات النمو الاقتصادي حتى الستينات من ذلك القرن اعتمدت على فكرة دالة الإنتاج في تفسير النمو الاقتصادي والذي يعتمد على تراكم رأس المال، وعلـى استغلال الموارد الطبيعية، والنمو السكاني، والتقدم الفني، وعلى الظروف الاجتماعية والسياسية .

المرحلة الثانية: مرحلة تحقيق نمو اقتصادي مـع حمايـة البيئة: امتدت هذه المرحلة من أوائل الستينات حتى أوائل السبعينات؛ فبعد تفاقم المشكلة البيئية في الدول الصناعية أصبح من الضروري الاختيار بين البيئة والنمو الاقتصادي. لذا برزت العديد من التساؤلات حول إمكانية استمرار الأنشطة الاقتصادية مع تزايد تأثيراتها السلبية على البيئة، وبما أن النمو الاقتصادي الهدف الأكبر للمجتمعات اتجه التفكير نحو محاولة التحكم في الخسائر البيئية مع استمرار النشاط الاقتصادي كما كان عليه في المرحلة السابقة. فالتحليل الاقتصادي خلال هذه الفترة ظل مبنيا علـى فكرة النظام الاقتصادي النيوكلاسيكي المغلق، والسياسة الرئيسية للتحكم في التلوث هي سياسة المنع عن طريق وضع مستويات مسموح بها للتلوث من منظور مدى قبولها اقتصاديا وليس من منظور صيانة

النظام البيئي الذي أعتبر على أنه نظام خارجي بالنسبة للنظام الاقتصادي. وعلى هذا الأساس فسر تدهور البيئة وظهور مشكلات التلوث أنه يرجع للملكية المشتركة للموارد البيئية وإمكانية الحصول المجاني عليها ولتنفيذ المستويات المسموح بها من التلوث تم إنشاء وحدات حكومية في مختلف الدول لحماية البيئة بهدف الإشراف على مدى التزام الصناعات بالحدود القصوى المسموح بها واللازمة لحماية الصحة البشرية والكائنات الحية الأخرى كالنباتات والحيوانات وغيرها.

ومن الملاحظ خلال هذه الفترة أن النموذج الاقتصادي النيوكلاسيكي كان هو النموذج السائد للنمو كما هو الحال في المرحلة السابقة ولكن مع محاولة قياس التأثير البيئي لهذا النمو، ولهذا اتجهت الدراسات نحو تقليل الآثار السلبية على البيئة من جراء الأنشطة الاقتصادية.

مرحلة تحقيق نمو اقتصادي مع إدارة الموارد البيئية:

في هذه المرحلة بدأ يظهر الاهتمام بالتوازن البيئي وبعلاقة الاقتصاد بالبيئة، حيث استمرت هذه المرحلة من أوائل السبعينات حتى السنوات الأخيرة من الثمانينات من هذا القرن وبالتحديد منذ صدور حتى صدور تقرير لجنة بروتلاند تقرير نادي روما سنة 1972 سنة 1987.

تميزت هذه المرحلة بظهور اختلال في التوازن البيئي نتيجة تفاقم المشكلات البيئية وإستنزاف الموارد الاقتصادية في الدول الفقيرة. وهذا تطلب تغيير في نمط التعامل مع البيئة. وظهرت فكرة إدارة البيئة، وهي تتمثل في إدخال كل أنواع رأس المال المادي، البشري، الاجتماعي، الطبيعي في الحسابات القومية وعند تخطيط الاستثمار، بحيث يمكن توفير المتطلبات البشرية من السلع والخدمات على أساس مقدرة البيئة على تلبية هذه المتطلبات وفق أسس متواصلة. وقد ترتب عن ما سبق ذكره أن نموذج التدفق الدائري للنشاط الاقتصادي المغلق بدأ يأخذ في الحسبان العلاقات المتبادلة بين الاقتصاد والبيئة.

مرحلة التنمية الاقتصادية البيئية

بدأت هذه المرحلة من منتصف الثمانينات من القرن العشرين ولازالت تلقى اهتماما كبيرا من قبل الاقتصاديين في الوقت الراهن. ومضمون هذه المرحلة أنه لابد من وجود تكامل بين النظم الاقتصادية والبيئية والاجتماعية، وأن هناك قيدا جديدا على النمو الاقتصادي وهو حجم رأس المال الطبيعي، إضافة إلى حجم رأس المال العيني ومستوى التكنولوجيا، ويتطلب الإدارة الرشيدة لتلك المواد كيميائيا وجيولوجيا وحيويا بما يحفظ لتلك المواد استمراريتها في أداء وظائفها وفي هذه المرحلة تضمن التدفق الدائري للنشاط الاقتصادي الأبعاد البيئية، ويطلق عليه "النموذج الاقتصادي البيئي".

النموذج الاقتصادي البيئي

يوضح الشكل الترابط القوي بين النظام الاقتصادي والنظام البيئي؛ حيث هذا الأخير يتأثر بحجم المخلفات والتلوث الذي يترتب على النشاط الاقتصادي، ويبين الشكل أيضا أن كلا من النظامين الاقتصادي والبيئي يعملان في إطار نظام كوني أوسع، وهو الذي يزود النظام البيئي بالطاقة الشمسية التي تتحول إلى طاقة ومواد أولية يستخدمها النظام الاقتصادي لإنتاج السلع والخدمات ويترتب عليها طاقة حرارية.

المشكلات البيئية وطبيعة النظام الاقتصادي

مما لاشك فيه أن النمو الصناعي المتزايد، والاستخدام المكثف للتكنولوجيا الملوثة للبيئة، واستنزاف الموارد الطبيعية، قد تسبب في مشكلات بيئية خطيرة، عانت منها الدول المتقدمة والدول المتخلفة على حد سواء.

وتمارس المجتمعات المختلفة نشاطها الاقتصادي وفق إطار تنظيمي معين، له خصوصيات محددة، تجعل منه نظاما اقتصاديا. ومن هنا يطرح التساؤل التالي: هل يوجد نظام اقتصادي معين يكون مسئولا عن المشكلات البيئية المختلفة؟ أم أن الأمر يعود إلى ممارسة النشاط

الاقتصادي بوجه عام بغض النظر عن ارتباطه بنظام اقتصادي معين؟. فالبيئة ترتبط بالنظم الاقتصادية على أساس أن النشاط الاقتصادي لا بد أن يتم من خلال إطار تنظيمي له خصائص محددة يجعل منه نظاما اقتصاديا.

وإذا كان النشاط الاقتصادي قد تسبب في بعض المشكلات البيئية سواء بصورة مباشرة أو غير مباشرة، فإننا يجب أن نتناول العلاقة بين البيئة والنظم الاقتصادية المختلفة، وذلك في إطار العناصر ECONOMIC SYSTEM ، الأساسية التي يتكون منها أي نظام اقتصادي والتي تتمثل في الهدف من النشاط الاقتصادي والفن الإنتاجي، أو الظروف التكنولوجية التي تتم في إطارها العملية الإنتاجية، ونوع التنظيم الاجتماعي والسياسي والقانوني الذي يحدد شكل العلاقات بين الأفراد والمؤسسات السائدة في المجتمع. وتتخذ هذه العناصر التي تكون النظام الاقتصادي شكلا معينا تترابط معه، وهذا الشكل يسمى بالهيكل الاقتصادي والذي يحدد بعدة محددات تتمثل في: ملكية وسائل الإنتاج ـ هدف العملية الإنتاجية ـ طريقة سير وأداء النظام الاقتصادي الوزن النسبي لكل قطاع من قطاعات الاقتصاد القومي الثلاثة.

أولا □: البيئة والنظام الاقتصادي الرأسمالي:

إن الهدف الاقتصادي "هو تحقيق أقصى ربح نقدي ممكن، وهذا يعني أن المشروع الرأسمالي سوف يتجه إلى السوق الداخلي أو الخارجي من أجل بيع السلعة المنتجة بأثمان تزيد كثيرا عن نفقة الإنتاج، ومن ثم يتمثل الربح في الفرق بين نفقات الإنتاج والإيرادات المتحققة، وعلى ذلك يكون الربح هو معيار الحكم على كفاءة المشروع الرأس مالي ونجاحه، وكان لا يزال بمثابة الحافز والمحرك لأي فرد اقتصادي وإنتاجي. وهذا القانون هدفه الإنساني تكثيف الربح وتعظيمه بأساليب الإنتاج التي تحقق أقل نفقة، فالنظام الرأسمالي يحاول التخلص من النفقة بصفة مطلقة. ومن هنا فإن المنتج يظل يفاضل بين عوامل الإنتاج من أجلترشيد النفقات وتعظيم العائد.

هذا في حالة ما إذا كانت العوامل سلعا اقتصادية، أما إذا خرجت هذه العوامل عن نطاق السوق والأثمان، فتكون حرة واستهلاكها حرا□، وبالتالي فإن المنتج في تعامله معها يستنزفها، ولا يبالي بالاعتداء عليها مثل: الماء والهواء. ومن هنا يتضح أن هدف الربح يتضمن نوعا خاصا من التعامل مع البيئة، يؤدي إلى خلق المشكلات البيئية التي تراكمت حتى ظهرت بالصورة الحالية. فالمشروع الرأسمالي، يحدث التلوث من جراء استخدام الطاقة، ولا يبالي بالموارد التي يستنزفها، وما ينتج عنها من خسائر ومخاطر؛ لأنها موارد بلا ثمن في السوق فهو لا ينفق من أجل الحفاظ عليها من التلوث.

ومن سلبيات النظام الرأسمالي:

- سوء استخدام الموارد الإنتاجية: ومثال ذلك وجود قدر من القوى العاملة في حالة البطالة، والبطالة تؤدي إلى انعدام أو نقص الدخل، وبالتالي فهي تخلق الفقر الذي يسبب مشكلات بيئية كثيرة، فعدد الفقراء يزيد كل يوم، والفقراء يعيشون في أماكن بيئية هشة، لا تتوفر فيها المياه الصالحة للشرب ولا خدمات الصرف الصحي أو غيرها، فتتلوث البيئة وتزيد مشكلاتها.

- سيطرة فكرة الربحية على أسلوب الإنتاج: أدى إلى خلق نمط استهلاكي متنام يتلاءم ومنتجات هذا الأسلوب تكنولوجيا.

- ظهور الشركات الاحتكارية: التي تفترض أن استغلال البيئة للتخلص من النفاية أو للحصول منها على المواد الخام عامل أساسي لنجاحها، فهي تعتدي على البيئة بحجة أن هناك صعوبة للاستجابة للاعتبارات البيئية التي من شأنها أن تضعها في وضع تنافس سائر الشركات الأخرى.

وعند الحديث عن الشركات الاحتكارية، لا يفوتنا التعرض للمنافسة الاحتكارية التي تتميز بحرية في الدخول إلى النشاط وفي الخروج منه، مما يقود إلى ربح اقتصادي يساوي إلى الصفر في المدى الطويل كما هو الحال مع المنشأة في المنافسة.

وخلاصة القول: إن النظام الاقتصادي الرأسمالي يعاني من

المشكلات البيئية.

ثانيا□: البيئة والنظام الاقتصادي الاشتراكي:

لقد أدت المركزية الشديدة للتخطيط إلى التطور السريع لبعض القطاعات الصناعية الصناعات الثقيلة التي تسببت في أضرار وخسائر بيئية شديدة؛ نظرا لما تفرزه من مخلفات شديدة التلوث. وينطبق الأمر على المجال الزراعي، وصور التلوث الناتجة عن الطرق الحديثة المستعملة والتكنولوجيا غير المتقدمة.

ومما سبق يتضح أن سير وأداء الاقتصاد الاشتراكي ـ من خلال خصائصه السياسية السابق ذكرها لم يقدم ما يخرج البيئة من أزمتها، بل إن النهج الذي سار عليه قد خلف هو الآخر أسباب التلوث المختلفة.

ومجمل القول: "إن النظامين الرأسمالي والاشتراكي، كلاهما يعاني من المشكلات البيئية، الأمر الذي يوجهنا إلى دراسة هذه المشكلات في إطار طبيعة النشاط الاقتصادي بصفة عامة".

مشكلات البيئة العالمية ومسئولية الدول المتقدمة عنها

أولا□: مسؤولية الدول المتقدمة عن المشكلات البيئة العالمية:

لا يوجد نظام اقتصادي بعينه مسؤول ومتفرد بمشكلات البيئة، بل إن هذه الأخيرة تعود إلى ممارسة النشاط الاقتصادي بوجه عام. تختلف مشكلات البيئة بين الدول المتقدمة والمتخلفة، فالدول الصناعية المتقدمة هي صاحبة النصيب الأعظم من الصناعة والتجارة العالميتين، كما أنها تتوفر على التقنيات المتطورة التي لعبت دورا كبيرا في تخريب البيئة الطبيعية وتدميرها دمارا لم تعهده من قبل، فاستمرارية الدول المتقدمة في ابتكار أسلحة الحرب والدمار يهدد الحضارة الإنسانية الراهنة بفنائها؛ فمعظم هذه الدول تستهلك 70% من إجمالي الإنتاج، معظم الموارد العالمية، فتنتج حوالي 75% من إجمالي الطاقة المستخدمة في العالم، وتعد وتستهلك نحو 85% من غاز ثاني أوكسيد الكربون في العالم. المسؤولة عن انبعاث وكمثال على ذلك الولايات المتحدة الأمريكية، حيث يشكل سكانها 30% من مجموع سكان العالم، ولكنهم يستهلكون حوالي 06% حوالي

% من المواد الخام، 40من كمية الطاقة المستهلكة عالميا، وحوالي
وينتجون كميات هائلة من النفايات سنويا □. ولقد أثبتت دراسة حديثة
أن هذه الدول هي المسئولة عن انبعاثات المواد والغازات التي تهدد
% من إنتاج الفحم العالمي، 90وسلامة البيئة؛ حيث تستهلك حوالي
% من منتجات البترول العالمية، ولا شك أنها تكون مسؤولة 80و
وبنفس القدر عن التلوث العالمي الصادر عن الانبعاثات الكربونية
التي تسبب مشكلات ارتفاع حرارة الأرض وتآكل طبقة الأوزون،
% من الغاز الطبيعي، 91ووذلك فضلا عن مسؤوليتها عن استهلاك
دولة فقط في العالم، فهذه الدول الصناعية 20والذي يستهلك في
حسب الأمم المتحدة تستهلك نصيب الأسد من المصادر الطبيعية.
وعلى سبيل المثال، يستهلك مواطن سويسري واحد كمية من
المصادر الطبيعية تساوي الكمية التي يستهلكها أربعون مواطنا من
الصومال، وغالبا ما تقوم المصانع بالتخلص من جميع المواد الناتجة
عن عملية التصنيع والتي ليست بحاجة لها، لذا فقد أنشأت الدول
الصناعية أسواقا تدعى أسواق النفايات التي انتثرت في جميع أنحاء
أوروبا. كما أن هذه الدول المتقدمة اعتادت أن تصدر المبيدات
الخطيرة والضارة إلى الدول المتخلفة، وتحقق من وراء ذلك أرباحا
% من المبيدات التي أنتجتها الولايات 25طائلة. يؤكد ذلك أن
المتحدة، تتكون من مواد ممنوعة ومحظور استخدامها في الداخل
لأقصى درجة. ومن خلال هذا نستشف أن هناك فرقا □ واضحا □
في طبيعة المشكلة البيئية الموجودة في الدول المتقدمة والمتخلفة؛
فهي في الدول المتقدمة مشكلة ثراء ورفاهية، بينما تعد في الدول
المتخلفة مشكلة فقر وتخلف اقتصادي واجتماعي.
مما سبق يمكننا أن نستنتج أن المشكلة البيئية تعد من المشكلات
المتعددة الأوجه. فهي محصلة عوامل عديدة: سياسية واقتصادية،
بعضها يتعلق بالإنتاج والبعض الآخر يرتبط بالاستهلاك وأنماطه،
وتتسم بأنها ذات طبيعة تراكمية كما تتفاوت حدة المشكلة البيئية
وطبيعتها بين الدول المتقدمة والدول المتخلفة، نظرا لاختلاف

ظروف كل منها، والتفاوت بين الدول.

ولقد تفاقم الإحساس بأخطار التلوث البيئي والمشكلات البيئية عند دول العالم، مما دفع العديد منها إلى وضع ضوابط للحد من أخطار العبث بالبيئة، ففي الولايات المتحدة الأمريكية ظهرت سلسلة من القوانين والتشريعات كان من أبرزها قانون الهواء النظيف الذي 1811، وظهرت بعض القوانين في النمسا منذ عام 1946صدر عام وفي 1912، وفي إيطاليا عام 1920، 1909وفي ألمانيا في الأعوام وعلى الرغم من جميع هذه التشريعات، لكنها لم تكن من 1932فرنسا الصرامة حيث تمنع حدوث الكوارث البيئية، أو تحد بشكل واضح من مخاطر التلوث.

وفي العقدين الأخيرين من القرن العشرين تم ظهور وعي جماهيري واسع لدعم العمل البيئي، وتمثل في عدد من الجمعيات والأحزاب والتكتلات في عدد من دول العالم، بخاصة المتقدمة منها لخدمة حماية البيئة.

بعض المشكلات البيئية

في هذا السياق سنتعرض لأهم مشكلات البيئية العالمية، وأكثرها خطرا وحدة، ولعل من أهم هذه المشاكل:

ارتفاع حرارة الأرض حيث أن الطاقة الحرارية التي تطلق في المحيط الحيوي ككل هي من أجسام الناس، ومن نشاطاتهم الصناعية، ووسائل النقل والحرائق، وهناك تخوف من إمكان أن يحدث ارتفاع درجة حرارة المحيط الحيوي ككل، وبالتالي يتعرض المناخ العالمي لتغيير لن يكون في صالح الإنسان على أي حال.

تعنى بتركيز غاز GLOBAL WARNINGوظاهرة الاحتباس الحراري في الغلاف الجوي، وهذا الغاز يزداد تركيزه CO_2ثاني أكسيد الكربون بصورة مستمرة، والخطر يكمن في أنه يؤدي إلى الإقلال من انتشار الحرارة في جو الكرة الأرضية إلى الفضاء الخارجي بفعل تأثير البيت الزجاجي، مما يسبب ارتفاع معدلات درجات الحرارة على سطح الأرض.

وهذا الارتفاع المتوقع في درجة الحرارة سيخلف حالة من الفوضى

البيئية المدمرة المتمثلة في ذوبان كميات كبير من القمم الجليدية نتيجة ارتفاع درجة الحرارة، وتوسع المحيطات، وارتفاع مستوى سطح متر أو أكثر خلال تمدد المياه في 2 – 5 0.البحار والمحيطات بمقدار المحيطات، واندثار آلاف الجزر، وتدمير المدن والموانىء والمنشآت الساحلية، والهجرة العشوائية للسكان. كذلك سيؤدي إلى تعرض مناطق للجفاف، ومناطق أخرى في العالم إلى فيضانات وسيول، مما يؤدي إلى اختفاء مساحات واسعة من الأرض الزراعية والإخلال البيئي في العديد من النظم البيئية المائية منها واليابسة.

وسوف يترتب على هذه التغيرات البيئية أيضا▯ آثار اقتصادية واجتماعية بالغة الأهمية، قد تتمثل في انخفاض الإنتاج الزراعي والحيواني العالمي. وتتمثل أيضا في تشريد أعداد هائلة من السكان، وخلق عشرات الملايين من اللاجئين البيئيين الجدد في العالم، والذين يلجئون إلى أماكن أخرى من العالم تكون آمنة بيئيا.

وتسعى دول العالم إلى تقليص مجموع الانبعاث العالمي لغاز ثاني أوكسيد الكربون، واستخدام التقنيات النظيفة بيئيا، وتحسين إدارة الغابات والمساحات الخضراء والحفاظ عليها، وهذه الجهود التي ظهرت في الآونة الأخيرة من قبل الدول الكبرى وعلى رأسها الولايات المتحدة الأمريكية تطلب العديد من الدراسات والأبحاث في إطار تطور قضية تغير المناخ دون إبداء إسهام فعلي في هذه القضية. وقد لا تستطيع الدول الأخرى أن تتنصل من هذه المشكلة البيئية داخليا ودوليا، ويرجع ذلك إلى ما تشهده هذه الدول من تزايد كبير في استخدام الآليات والمركبات واستهلاك الوقود الأحفوري الذي يعد المصدر الغني بالكربون والنيتروجين، كما أن هذه الدول اتبعت نمطا تصنيعيا يقتفي أثر ما اتبعته الدول الصناعية المتقدمة.

تآكل طبقة الأوزون:

يشكل الأوزون درعا واقيا يحيط بالأرض ليحمي الحياة فوقها من الأشعة فوق البنفسجية ذات الطبيعة الضارة. فالأوزون هو غاز له وظيفة هامة، لأن وجوده في طبقات الجو العليا بمثابة حام للكائنات

الحية من الإشعاعات فوق البنفسجية. وبامتصاص هذه الأشعة يصبح الأوزون المصدر الحراري الوحيد في الأجواء العليا للغلاف الجوي كلم من سطح الأرض. 60 – 40الذي يكون منطقة دافئة على ارتفاع وللأوزون قدرة كبيرة على قتل البكتيريا والفيروسات والطفيليات؛ فقد استخدم في معالجة مياه الشرب ومياه الصرف الصحي، وفي تعقيم بعض المعلبات والمأكولات، وتعقيم مياه حمامات السباحة، يمكن تصور أن وجود وكمزيل للألوان في عمليات التبييض، وبذلك الأوزون في الغلاف الجوي هام جدا لما يقوم به من عمليات تنظيف وتعقيم للبيئة.

إلا أن الفائدة الكبرى للأوزون الموجود في طبقة الجو العليا هي امتصاص كمية كبيرة من الأشعة فوق البنفسجية، التي قد تصلنا من الشمس، والتي تعد مهلكة لكل صور الحياة على الكرة الأرضية. ولم تسلم طبقة الأوزون البعيدة عن سطح الأرض من إفساد الإنسان لها. ويؤدي نقص تركيز الأوزون في المجرة السماوية إلى سلبيات شتى. % في طبقة الأوزون يزيد من 1ويقدر بعض العلماء أن انخفاض % تقريبا. 2والأشعة فوق البنفسجية التي تصل الأرض بحوالي ووجود ثقوب في هذه الطبقة يمكن أن تصيب الإنسان بأخطار كبيرة. تتمثل في:

– زيادة تعرض البشر للأشعة فوق البنفسجية.

– زيادة في إصابات سرطان الجلد والوفيات نتيجة هذا المرض، وخاصة في المناطق الشمالية من الكرة الأرضية.

– التأثير على جهاز المناعة بجسم الإنسان، وغير ذلك من تلك المخاطر.

– الإصابة بمرض المياه البيضاء في العيون.

– حدوث تلف في الحامض النووي D. N. A المركز فينوبات الجلد الموجودة تحت البشرة الخارجية، وهذا الحامض هو المسئول عن نقل الصفات الوراثية.

- حدوث أمراض متعددة في الجهاز التنفسي، والنزلات الصدرية والأزمات الصدرية.

- ضعف جهاز المناعة عند الإنسان.

أما بالنسبة للحيوانات، فلن تنجو هي الأخرى من الأذى، وإن كانت الكبيرة منها التي تمتاز بوجود الشعر أو الصوف أو الريش أقل ضررا بالإصابة بسرطان الجلد من الحيوانات الصغيرة، ولكنها في حالة تأثرها بكمية إشعاع مرتفعة تصاب بأمراض العيون والجلد عدا التغيرات الجينية التي تحدث طفرات عديدة، لما وجد قدر كبير من الأشعة فوق البنفسجية يؤثر على الثروة السمكية.

وفيما يتعلق بالمناخ، فإن نقص الأوزون يحدث بلا شك خللا في التوازن في الغلاف، وخللا في درجات حرارة هذا الغلاف. وقد بدأ الإنسان ينتبه إلى مخاطر تناقص الأوزون منذ عام 1975؛ حيث أثارت تقارير الأقمار الصناعية إلى وجود ثغرة في طبقة الأوزون متمركزة فوق القطب الجنوبي، وأمكن قياس اتساعها بالطائرات في عام 1978 وقدرت مساحتها بما يعادل مساحة الولايات المتحدة الأمريكية، وقد لوحظ 40 – 50 %، وأن تناقص الأوزون فيها بنسبة زيادة اتساع الثغرة سنة بعد سنة حتى أصبحت قريبة من جنوب الأرجنتين وأستراليا ونيوزيلندا، وفي عام 1988رصد العلماء وجود فجوة أخرى في طبقة الأوزون فوق القطب الشمالي، حيث تتمركز في سماء النرويج بتناقص قدر بحوالي 20 %.

وبحثا عن الأسباب التي تحدث نضوب غاز الأوزون في طبقات الجو عامة نجد تسرب غاز فلوريد الكربون إلى الغلاف الجوي، وقد بدأ الإنتاج العالمي لهذا الغاز منذ ثلاثينات القرن العشرين، ثم ازداد إنتاجه بسرعة منذ الخمسينات، وقد أدى تراكم تسرب هذا الغاز في الغلاف الجوي إلى تقليل تركيز الأوزون.

ويستخدم هذا الغاز في المكيفات والثلاجات والمذيبات إلى جانب الاستخدامات الصناعية الأخرى، لذا فإن الدراسات العلمية أكدت أن 90% من المواد المسببة لثقب الأوزون يستهلكها 20% من سكان

الأرض، وهم شعوب الدول المتقدمة.

وهناك أسباب أخرى تؤدي إلى نضوب غاز الأوزون، من أهمها ما يلي:

1. العبوات الرذاذة علب الرش التي تحتوي مواد كيماوية محملة على غازات مضغوطة، خاصة الكلور والكربون.

2. الطيران النفاث: تشكل الطائرات المدنية والطائرات العسكرية سواء التي تطير بسرعة فوق صوتية أو بسرعة دون صوتية عاملا من عوامل تحطيم طبقة الأوزون، ذلك أن هذا الكم الهائل من الطائرات تعمل على تلويث تلك الطبقة لما تنفضه من محركاتها من غازات العوادم، علاوة على عمليات الإزاحة الميكانيكية للكتل الهوائية.

3. كما أن أنواع القنابل الفتاكة والمدمرة، مثل: القنابل الكوبالتية والنيوترونية وغيرها، لها آثار هائلة من حيث القدر الهائل من الغازات والإشعاعات والحرارة التي تخلفها، وكلها تعمل على تدمير طبقة الأوزون.

4. صواريخ الفضاء: تشكل عمليات الإطلاق المتتالية للصواريخ خطرا على كل غاز الأوزون في كل الغلاف الجوي.

5. غاز الفريون الذي يستخدم في أجهزة التبريد في الثلاجات، ومكيفات الهواء، وسوائل التنظيف، وتعقيم الأدوات الجراحية وغيرها.

وهناك دراسات وجهود العلمية التي تركزت على مراقبة طبقة الأوزونUNEP، وصدرت خلال منظمة برنامج الأمم المتحدة للبيئة اتفاقية فيينا لحماية الأوزون1985، وبروتوكول موتنريال الخاص عام بالمواد الكلورية الفلورية الكربونية التي تستنفذ طبقة الأوزون عام تشير 1990 و1989 ومؤتمر لندن 1989. وتبعا لمؤتمر هلنسكي 1987 هذه اللقاءات الدولية إلى حماية طبقة الأوزون خلال منع إنتاج وتداول المركبات التي تؤدي إلى تناقص هذا الغاز مثلمركبات الكلور وفلور، وغاز الفريون.

تدمير الغابات الاستوائية : 3

إن حالة استنزاف الموارد الطبيعية، وتدمير الآلاف من الأشجار والغابات، وتقهقر الثروة النباتية بسبب النشاط البشري، والاستغلال غير الرشيد للموارد الطبيعية، وعدم توفر الكوادر البشرية المؤهلة، وضعف القدرات والمهارات الفنية اللازمة للحفاظ على الموارد الطبيعية وتنميتها تكاد تكون سمة منتشرة في كثير من بلدان العالم الساعية إلى النمو. وتعد الغابات أكثر المنظومات البيئية انتشارا على الأرض، وهي تغطي نحو 30% من إجمالي البيئة البرية من المساحة اليابسة، إلا أن الدراسات قد أكدت على أن إزالة الغابات قد ارتفعت إلى ما يقدر من 17 20 مليون هكتار سنويا مقارنة بحوالي 11. وقد تحولت مساحات شاسعة من الغابات 1980 مليون هكتار عام 4 إلى استعمالات أخرى، كالمزارع، والمراعي، وزراعة أشجار النخيل، كذلك فقد تعرضت الغابات لمخاطر النيران والتدمير، بالإضافة إلى قطع الأشجار وفتح الطرق. . . . إلخ.

وهذا أحدث أضرارا بعيدة المدى للأنظمة البيئية؛ حيث تفقد الكثير من النباتات والحيوانات قابليتها للحياة أو النمو الطويل الأمد من خلال التغير في الصفات الوراثية والانقراض. بالإضافة إلى أن تدمير الغابات الاستوائية لا يقضي على أشجارها فحسب، بل يؤدي إلى انقراض النباتات سواء تلك التي تعيش عليها، أو تلك التي تعيش على مستوى الأرض تحت ظلها. ونتيجة للتدمير الجائر للغابات، فقد تحولت الغابات إلى مجتمعات نباتية متدهورة، وقليلة التأثير في الوسط المحيط، ولم تعد في كثير من المناطق قادرة على حماية التربة من الانجراف والحفاظ على خصوبتها وتنظيم المياه فيها. ويؤدي إزالة الغابات إلى تعرضها للإصابة بالأمراض والأوبئة والتلوث والانجراف الحاد للتربة، كما يسهم حرق هذه الغابات في انبعاثات ثاني أوكسيد الكربون الذي يؤدي إلى ارتفاع درجة حرارة العالم. ويتوقع البنك الدولي، أن القطع الجائر للغابات سوف يؤدي إلى تناقص عدد البلدان الاستوائية المصدرة للأخشاب، من 23 دولة إلى 10 دول فقط، ومن أمثلة الدول التي اختفت من قائمة إلى حوالي

الدول المصدرة للأخشاب نيجيريا وغانا وكوت ديفوار. علاوة على ذلك فإنه قد توجد ثمة علاقة بين إزالة الغابات وحدوث الفيضانات، فلقد ربط العلماء بين إزالة الغابات في جبال الهمالايا وبين فيضان في بنغلاديش ففي هذا الفيضان غمر ثلث الدولة تحت عام 1988 الماء، وشرد خمسة وعشرين مليون شخص من السكان الذين أصبحوا بلا مأوى. وتلجأ الدول إلى إزالة الغابات لأغراض كثيرة أهمها: الزراعة والحصول على الأخشاب، وحطب الوقود؛ حيث تشير الإحصاءات المتعلقة بتجارة الأخشاب العالمية إلى أنه يستخلص نحو 4. على الغابات أخشاب من مكعب متر بليون مستوى العالم سنويا، أما منظمة الأغذية والزراعة التابعة للأمم المتحدة فقد حددت أن السبب الرئيسي لإزالة الغابات هو فقر الشعوب التي تعيش داخلها أو حولها، وأن هذا الفقر هو الذي يدفعها لذلك من أجل إنتاج المحاصيل الغذائية.

ومن أسباب تدمير الغابات الاستوائية :

نار الحرائق: فعلى الرغم من أن الحرائق تمارس دورا تدميريا في البيئة إلا أنه لا يمكن النظر إليها دائما على أنها كذلك، إذ تغيرت النظرة للحرائق، وموضع حرق الغابات الطبيعية خلال المائة سنة الأخيرة، حيث وجد علماء البيئة وبخاصة بيئة الغابات مؤخرا أن الحرائق أصبحت لازمة من أجل توجيه النمو لأنواع معينة من الأشجار في الغابة. ومن ثم تستخدم الحرائق في الوقت الحاضر في جنوب شرقي الولايات المتحدة الأمريكية من أجل التكاثر الناجح في غابات الأشجار الصنوبرية طويلة الأوراق التي تنمو على السهل الساحلي من فرجينيا حتى فلوريدا جنوبا وتكساس غربا.

إخلاء الأرض للزراعة: تبقى الصحاري الدفينة وبيئة الغابات في المناطق الاستوائية في حوض الأمازون، وجنوب شرقي آسيا يشملها التوسع وجنوب الصحراء الإفريقية من أهم المناطق التي الزراعي في الوقت الحاضر؛ إذ يمكن أن تتحول الصحاري إلى مناطق زراعية وذات إنتاج وفير إذا توافرت المياه العذبة. ونظرا للدور الذي تلعبه الغابات الاستوائية في الحفاظ البيئي، ومع ازدياد

مخاطر التصحر على الأراضي العربية، وضعت العربية لمقاومة هذه الظاهرة تتفاعل تحت رعاية الحكومات والمنظمات المعنية.

مشكلة الانفجار السكاني واستنزاف موارد البيئة

تعبر المشكلة السكانية كما يراها المالتسيون المنظور البيئي الايكولوجي عن سياق غير متكافىء بين نمو السكان من جهة، وبين الموارد المحدودة من جهة أخرى.

في حين يرى أصحاب المنظور الاقتصادي السياسي أن المشكلة السكانية عبارة عن سباق بين النمو السكاني المرتفع وبين الجمود، وتخلف التشكيلات الاجتماعية المهيمنة في البلاد النامية التي عجزت عن تحقيق التقدم الاقتصادي الاجتماعي لشعوبها على النحو الذي يوفر الغذاء والكساء والتعليم والخدمات الصحية وفرص العمل الشريف لكل مواطن قادر على العمل، فالمشكلة السكانية بهذا المعنى قضية صراع ضد هذه التشكيلات ومؤسساتها وعلاقتها الداخلية والخارجية.

أما الحقائق والمنظور الديمغرافي فليست إلا ترمومترا□ يشير بارتفاع درجة حرارة المريض دون تشخيص حقيقة المرض. ومن هنا، فإنه من الواضح أن هناك تزايدا في حجم السكان، يصاحبه تزايدا آخر في حجم المعاناة الإنسانية، وإن كان ذلك متمركزا□ في %□ من سكان العالم. وإذا ما 70بلدان العالم النامي الذي يضم حوالي أمعنا النظر في ملامح الصورة الراهنة لسكان البلاد النامية فسوف تنكشف لنا سريعا تلك الظلال القاتمة التي يتم في طياتها ذلك النمو السكاني المرتفع الذي نشهده.

وقد أدى تزايد عدد السكان في العالم إلى سعي الإنسان للحفاظ على حياته، فاتجه إلى استنفاد واستنزاف ما في البيئة من مواد وطاقات، وبخاصة استنزاف الموارد البيئية غير المتجددة، وقد تنبهت معظم المجتمعات البشرية والهيئات الدولية والمحلية الحكومية والأهلية والمحافل العلمية البيئية إلى خطورة مشكلة الانفجار السكاني واستنزاف الثروات البيئية بطريقة عشوائية غير منظمة.

93

مشكلة الضجيج:

إن أكثر من 65 مليون شخص في الدول الصناعية يعانون من أعراض صحية خطيرة جدا أثبت أن سببها الرئيسي هو الضجيج الذي يفوق طاقة الإنسان على التحمل، ويكثر انتشار هذه المشكلة في الدول الصناعية الكبرى، وفي المناطق الصناعية، واليابانيون هم الأكثر تأثرا بالضجيج الصناعي، والناتج عن النقل البري والجوي، كما أن الطائرات الأسرع من الصوت تتسبب بموت الآلاف من سكان الأرض سنويا.

ونلخص مما تقدم إلى أن هذه المشكلات البيئية التي تحدثنا عنها بصورة موجزة مرتبطة أيما ارتباط بطبيعة النشاط الاقتصادي، فهي تؤثر وتتأثر به، والعلاقة بين هذا الأخير والبيئة هي أمور تتغير بصورة مستمرة، ومن ثم فإن الابتكار التكنولوجي، والتغير الهيكلي اتجاه الحد من الضرر البيئي وإذا كان بطبيعة الحال يؤدي إلى التوسع والزيادة في النشاط الاقتصادي، إلا أنه في الوقت ذاته تجعله قادرا على التصدي لهذا الضرر. فالنشاط الاقتصادي يمكن أن يتسبب في إيجاد مشكلات بيئية، كما أنه يمكن أن يساعد على التصدي لهذه المشكلات.

في خلاصة حديثنا عن هذا العنصر نقول "إن التكنولوجيا المنظفة للبيئة، قد هيأت في الآونة الأخيرة مناخا للتطور الاقتصادي أقل ضررا للبيئة مما كان ممكنا من قبل".

الآثار الاقتصادية والمالية لتلوث البيئة ووسائل الوقاية والحماية منها

حلت التكنولوجيا المعاصرة كثيرا من الأمور التي كانت شبه مستحيلة على الإنسان في الماضي، وجعلت أحلامه تسعى بين يديه يشكل منها ما يشاء وكيفما يشاء. ولكن في الوقت ذاته أدت إلى جلب الشقاء والتعاسة؛ نتيجة لتلوث الكثير من المكونات البيئية، وانتشار الكثير من الأمراض النفسية والاجتماعية والعضوية؛ فقد انتشرت الكثير من المواد السامة، والإشعاعات الضارة في الماء والهواء والتربة، كما أن الأصوات الصاخبة في المدن، وارتفاع الضجيج،

وسرعة تغير الوسط الطبيعي والاجتماعي. وقد دلت الدراسات التي أجريت مؤخرا على أن هناك علاقة بين هذه العوامل وبين الأمراض التي تصيب الإنسان في وقتنا الحاضر.

ومشكلات التلوث البيئي، قد أصابت ما يحيط بالإنسان من كائنات حية وغيرها، وأضرت بكل ما يحيط به من موارد طبيعية، وهو الأمر الذي يهدد بنفاذ هذه الموارد وخاصة ما يندر منها.

وقد بدأ الإنسان يخشى أن يحل اليوم الذي لا يجد فيه ملاذا يحميه من التلوث، وما تواجهه بيئته الآن من عوامل التدهور السريع الذي أصاب كل مرافق الحياة البشرية وغير البشرية، ليس هذا فحسب بل إن المشكلات البيئية قد اكتسبت أهمية متزايدة على كافة المستويات؛ حيث انشغلت بها جميع الدول، وانعقدت من أجلها العديد من المؤتمرات الدولية، وأصبحت تحتل مكان الصدارة بين ما يشغل العالم من هموم ومشكلات.

وتشكل ظاهرة التلوث البيئي أيضا □ خطرا على البناء الاقتصادي وعلى حياة المستهلك محور التنمية الاقتصادية ومحركها، وهي في كل السياسات الرامية لتحقيق التنمية المستدامة، فهذه الظاهرة شهدت تقدما ملحوظا وبمعدلات متزايدة، ويبدو هذا منطقيا؛ ذلك أن التلوث ما هو إلا جزء من تلك العملية الإنتاجية التي تفرزها الوضعية الاقتصادية القائمة والمتسببة بذلك التطور الهائل المحرز في ميدان الصناعة والتكنولوجيا لاسيما في دول الشمال الأكثر تقدما ويعتبر التلوث نوعا من أنواع فشل السوق، لا تعكسه الأسعار السائدة في السوق؛ بسبب الاستخدام المفرط للموارد بشكل الملكية الجماعية أو عدم وجود الملكية.

وسوف نتناول فيما يلي مفهوم التلوث، وآثاره على البيئة والاقتصاد والعملية الإنتاجية.

مفهوم التلوث

لقد ظهرت مشكلة التلوث البيئي نتيجة الانفجار السكاني، واستنزاف المصادر الطبيعية، والتضخم الزراعي والصناعي، وتدني مستوى

التخطيط الإقليمي، وعدم إتباع الطرق الملائمة والكافية في معالجة مصادر التلوث، بالإضافة إلى اللامبالاة من قبل الإنسان في تعامله مع بيئته.

أولا □: تعريف التلوث البيئي:

الواضح من كثرة المفاهيم التي أعطيت لكلمة البيئة، أنه ليس هناك معيار مطلق لتحديد مفهوم للتلوث، وإنما يتصل بمعايير نسبية؛ فهناك تعريفات عدة للتلوث البيئي، ولكن التعريف البسيط للتلوث هو: "كل ما ينجم عنه من أضرار ومشاكل صحية للإنسان بل والكائنات الحية، والعالم بأكمله".

ولكن إذا نظرنا لمفهوم التلوث بشكل أكثر علمية ودقة، فسوف نجد أن من بين تعريفاته أنه يعني:

− قيام الإنسان بطريقة مباشرة أو غير مباشرة، بإضافة مواد من شأنها إحداث نتائج ضارة، تعرض صحة الإنسان للخطر، أو تضر بالمصادر الحيوية أو النظم البيئية على نحو يؤدي إلى تأثيرها على أوجه الاستخدام أو الاستمتاع بمشروع البيئة.

− هو وضع المواد في غير أماكنها الطبيعية الاعتيادية، أو أنه تلوث البيئة المقصود أو غير المقصود بالفضلات.

− هو الموضع غير الصحيح للمواد أو أي شيء يطرح في البيئة مسببا انحطاطا في الخصائص البيئية.

و التلوث يعرف هو مادة أو أثر يؤدي إلى تغير في معدل نمو الأنواع في البيئة، يتعارض مع سلسلة الطعام بإدخال سموم فيها، أو يتعارض مع الصحة، أو الراحة، أو قيم المجتمع. أو هو إضافة مادة غريبة على الهواء أو الماء أو الغلاف الأرضي، في شكل كمي، يؤدي إلى آثار ضارة على نوعية الموارد، وعدم ملائمتها لاستخدامات معينة أو محددة. وكذلك هو كل تغير غير مرغوب في الصفات الطبيعية والكيمياوية والبيولوجية في وسط المحيط هواء، ماء، تربة مما يسبب تأثيرات ضارة للإنسان والكائنات الحية الأخرى، وكذلك الإضرار بالعملية الإنتاجية والموارد المتجددة.

- ويعرف أيضا التلوث أنه عبارة عن الفضلات التي يطرحها الإنسان إلى البيئة المحيطة به، والتي تسبب أذى للإنسان وما يحيط به بشكل مباشر أو غير مباشر.

- كل تغير كمي أو كيفي في مكونات البيئة الحية وغير الحية لا تقدر الأنظمة البيئية على استيعابه دون أن يختل توازنها.

وبذلك فإننا سوف نجد أن التلوث يعني: إحداث تغير في البيئة التي تحيط بالكائنات الحية بفعل الإنسان وأنشطته اليومية، مما يؤدي إلى ظهور بعض الموارد التي لا تتلاءم مع المكان الذي يعيش فيه الكائن الحي، ويؤدي إلى اختلاله.

والإنسان هو السبب الرئيسي في إحداث عملية التلوث في البيئة وظهور جميع الملوثات بأنواعها المختلفة، وسوف نمثلها على النحو التالي:

الإنسان= التوسع الصناعي – التقدم التكنولوجي - سوء استخدام الموارد – الانفجار السكاني

فالإنسان هو الذي يخترع وهو الذي يصنع وهو الذي يستخدم، وهو المكون الأساسي للسكان.

ولكنه من الإنصاف أن نشير إلى أنه بالرغم من أن الإنسان هو المسبب الرئيسي للتلوث، إلا أن التلوث لا يقتصر فقط على ما يحدثه الإنسان في مكونات البيئة من تغيرات كمية أو نوعية، ولا يقتصر على الطرح المقصود أو العارض للنفايات مادة أو طاقة الناجمة عن نشاطات الإنسان التي تؤدي إلى نتائج ضارة أو مؤذية، وإنما يشمل كذلك كافة الملوثات الطبيعية، التي لا يتدخل الإنسان في طرحها في البيئة مثل: بعض أنواع حبوب اللقاح، وجراثيم الكائنات المريضة، والغازات والأتربة التي تقذفها البراكين والعواصف، وما شابه ذلك. ومن هنا يرى الكثيرون أن التلوث يعني: وجود أية مادة أو طاقة في غير مكانها أو زمانها وكميتها المناسبة، فالماء يعتبر ملوثا إذا ما أضيف إلى التربة بكميات تحل محل الهواء فيها، والأملاح عندما تتراكم في الأراضي الزراعية بسبب قصور نظم الصرف تعتبر

ملوثات، والنفط أحد مكونات البيئة ومن مواردها غير المتجددة، ولكنه يصبح ملوثا إذا ما تسرب إلى مياه البحار، وإذا ما زادت شدة الأصوات والضجيج عن حد معين تعتبر ملوثات وتؤذي الإنسان. وبذلك يمكننا استخلاص تعريف شامل للتلوث وهو: "كل ما يؤدي إلى الإضرار بالإنسان أو الوسط الذي يعيش فيه ويمارس فيه نشاطاته المختلفة، سواء كانت اقتصادية أو اجتماعية أو ثقافية، وسواء كان هذا الضرر مباشرا أو غير مباشر، أي يصيب الكائنات الحية الأخرى بما يؤثر في سلامة ونوعية الموارد". ثانيا: أسباب وأساليب انتشار التلوث والملوث:

هناك عدة أسباب تودي إلى انتشار التلوث في البيئة، يمكن تقسيمها على النحو التالي:

أ‌- العوامل الطبيعية: يبدو أن العوامل الطبيعية قديمة قدم التاريخ، ويقدر العلماء أنه منذ نحو 65 مليون سنة اندفعت صخرة من الفضاء عرضها 10 – 14 كم في الأرض محدثة انفجارا قوته 100 مليون ميغا طن، أي أقوى 10 ألاف مرة من انفجار كل الأسلحة النووية في العالم، ويقول العلماء إن التبريد كان هو الآخر السائد في المدى القصير، بسبب السحب الترابية المقذوفة في الهواء بصفة رئيسية. وعلى المدى الطويل، دخل ثاني أكسيد الكربون وبخار الماء وغازات أخرى طبقات الجو العليا فعززت أثر البيوت الزجاجية، ورفعت درجات الحرارة بمقدار 20 درجة فهرنهايت تقريبا، وكان من نتيجة هذا الدمار المناخي زوال الديناصورات ونصف الأنواع الأخرى على الأرض، وعليه يقدر العلماء أنه قد يكون هناك نحو 2000 كويكب ومائة مذنب فوق حد المتاخمة، ويقول الخبراء أن حوالي ربع تلك الألفين والمائة جسم القريبة من الأرض سوف تضرب كوكبنا في نهاية الأرض بهبوطها المحتمل مرة كل 100 ألف سنة، وتتمثل المشكلة في أن 150 جسما فقط من تلك الأجسام تم تعيينها.

هذا بالإضافة إلى مظاهر التدمير والإفساد التي تسببها العوامل الطبيعية من برق ورعد وسيول وأمطار وزلازل وبراكين.

ب- العوامل البشرية: عبر تاريخه الطويل، تدرج الإنسان في اعتدائه على البيئة، فقد بدأ أولا باستنزاف الموارد الطبيعية القادرة على استيعاب الملوثات التي راحت بدورها تتضاعف نتيجة صناعته المكثفة، وشكل ذلك أساليب انتشار التلوث والملوثات التي برزت على الوجه التالي: استنزاف موارد البيئة، الحفر والتنقيب، المباني الإسمنتية، وهناك ظاهرة التصحر تتسبب في حدوثها العوامل الطبيعية والبشرية.

ثالثا□: أنواع التلوث البيئي:

يقسم التلوث البيئي إلى قسمين: التلوث المادي والتلوث غير المادي.

أ- التلوث المادي

ويقصد به التلوث الذي يصيب إحدى عناصر البيئة الرئيسية الهواء، الماء، التربة، والغذاء، وتكون آثاره على الإنسان مباشرة وملموسة.

ب- التلوث غير المادي المعنوي ويقصد به التلوث غير المحسوس، وغالبا□ ما يكون قاتلا□ في بعض الأحيان، ويشمل التلوث غير المادي نوعين رئيسيين هما: التلوث الكهرومغناطيسي، والتلوث السمعي الضوضاء.

تصنيف الملوثات

يمكن تقسيم المواد الملوثات للبيئة تبعا□ لطبيعة المادة، سواء من حيث التركيب الكيميائي، أو حالة المادة. ويمكن تقسيمها وفقا□ للصفات الطبيعية والكيميائية للملوثات، أو تبعا□ للنظام البيئي المعرض للتلوث، أو وفقا□ لمصدر التلوث، أو نظام استخدام الملوث، أو التأثيرات الضارة للملوث على النظام البيئي.

أولا□: تقسيم الملوثات تبعا□ لطبيعتها Classification by nature تقسم: إلى:

أ   التركيب الكيميائي للملوث:

○   الملوثات العضوية، مثل الهيدروكربونات.

○   الملوثات غير العضوية، مثل أكاسيد الكبريت.

ب   الحالة الطبيعية للملوث:
o   ملوثات غازية.
o   ملوثات صلبة.
o   ملوثات سائلة.

ثانياً: تقسيم ملوثات تبعاً لصفاتها

أ–   القابلية للذوبان في الماء والزيت والدهون.

ب–معدل الانتشار والتخفيف.

ج– التحلل البيولوجي.

د–   الثبات في الهواء والماء والتربة والكائنات الحية.

ه–   القابلية للتفاعل مع غيره من المواد.

ثالثاً: التقسيم تبعاً لنوع النظام البيئي
ملوثات هوائية
ب ملوثات المياه العذبة
ملوثات مياه البحار
ملوثات التربة.
تبعا للمصدر التلوث
الملوثات تقسيم
نواتج احتراق الوقود
مصادر منزلية.
مصادر صناعية.
مصادر زراعية.

ذات أصــول صنـاعية: تقسـم وفقـا لنـوع الـصنـاعة، مثـل صنـاعة البلاستيك، والأسمنت، وصهر المعادن،. . . إلخ.

ب–منتجـات منزليـة وخدميـة: مثـل نفايـات المنـازل، والمستشفيـات، والمعامل.

ج– نـواتج ذات أصـول زراعيـة: مثل مخلفـات الحيوانـات الزراعيـة، ومخلفات الأسمدة، ومتبقيات المبيدات الكيميائية.

د- نواتج الأنشطة العسكرية.

ه- نواتج النشاط البكتيري والفطري.

خامساً: التقسيم تبعاً لنمط الاستخدام

الاستخدام في الصناعات: مثل المواد الأولية والمذيبات والمثبتات والملونات والمواد الحافظة ومواد التشحيم.

الاستخدام في المنزل والمستشفيات: مثل المنظفات والملطفات ومواد الطلاء والمطهرات والمبيدات الكيميائية.

الاستخدامات في الزراعة: الأسمدة والمبيدات الكيميائية والوقود، والمعقمات.

الاستخدامات في النقل: الوقود، ومواد التشحيم، والتنظيف، والدهانات.

الاستخدامات في الحروب.

سادساً: التقسيم تبعاً للآثار الناتجة

أ- ملوثات تؤثر على الإنسان.

ب- ملوثات تؤثر على الحيوانات.

ج- ملوثات تؤثر على النباتات.

د- ملوثات تؤثر على مكونات الجو، مثل طبقة الأوزون.

ه- ملوثات تؤثر على العمليات الحيوية الطبيعية في الماء.

سابعاً: كما يمكن تقسيم الملوثات إلى الأقسام التالية:

أ- ملوثات طبيعية: وهي الملوثات التي لا يتدخل الإنسان في إحداثها، مثل الأبخرة التي تتصاعد من البراكين، أو تأثير الانفجارات الشمسية على اضطرابات الطقس، أو احتراق الغابات بشكل طبيعي جراء ارتفاع الحرارة، أو انتشار حبوب اللقاح في الجو، أو الكائنات الحية الدقيقة

ـبكتريا وفطريات وفيروسات.

ب- ملوثات صناعية: وهي الملوثات التي استخدمها الإنسان من خلال نشاطه الصناعي، كالغازات والأبخرة، والمواد الصلبة التي تنتج من مداخن المصانع، وعوادم السيارات، بالإضافة إلى المخلفات الناتجة من نشاط الناس ومعيشتهم.

ج- ملوثات كيميائية: وهي المواد الكيميائية التي يتعامل معها الإنسان، كالمبيدات الحشرية، والمنظفات الصناعية، والمعقمات الكيميائية، ونواتج الصناعات النفطية، وصناعات النسيج والحديد والصلب والأسمدة وغيرها.

د- ملوثات فيزيائية: كالضوضاء، والإشعاعات الذرية، والتلوث الحراري الذي ينتج من استخدام كميات كبيرة من المياه للتبريد في محطات تقليد القوى ثم إعادتها إلى البيئات المائية، مما يسبب تلوثا حراريا لتلك البيئات.

ه- ملوثات حيوية: وهي الكائنات الحية التي تنتشر بشكل كبير في البيئات المختلفة مسببة أضرارا خطيرة بصحة الإنسان وزراعته وحيواناته ومقتنياته المختلفة، وتشمل هذه الكائنات الحية البكتريا والفطريات والفيروسات والأنواع المختلفة من الكائنات الأخرى التي تعد آفات صحية أو زراعية على الإنسان أو الحيوان أو النبات.

صور التلوث

أولا: تلوث الهواء :

يعد تلوث الهواء من الظواهر التي يرجع عمرها إلى عمر الحضارات القديمة، وقد بدأت هذه الظاهرة منذ معرفة الإنسان للنار، ألف سنة، إلا أن حجم التلوث آنذاك كان محدودا لا يتعدى كهف الإنسان الأول، أي قبل حوالي 50 وبدأت تتضح ظاهرة التلوث الهوائي في العصور الوسطى بسبب زيادة معدلات نمو المدن والصناعة. وأصبح التلوث خطرا في بعض المناطق.

ويحدث التلوث الهوائي عندما تدخل جسيمات عضوية أو غير عضوية إلى الهواء الجوي وتشكل أضرارا على عناصر البيئة، ونتيجة التغير الكمي والنوعي الذي يطرأ على تركيب عناصر النظام

البيئي يصاب بعدم الكفاءة، وحدوث خلل أو شلل تام به، والتلوث الهوائي يعتبر أكثر أشكال التلوث البيئي انتشارا؛ نظرا لسهولة انتقاله من منطقة إلى أخرى في فترة زمنية قصيرة، ويؤثر التلوث الهوائي على الإنسان بإصابته بأمراض كثيرة، وبالتالي تنخفض كفاءته الإنتاجية، وكذلك ارتفاع معدلات الوفيات بسبب زيادة الأمراض المرتبطة بزيادة معدلات التلوث الهوائي.

ويعتبر علماء البيئة تلوث الهواء من الظواهر البيئة والسلبية الناتجة عن التقدم والتنمية، عدا الضرر البالغ الذي يلحق بالتربة والماء والمواطن البيئية نتيجة لتلوث الهواء، أما إذا تحدثنا عن تأثيره على صحة الإنسان فأول ما يتذكره المرء بشكل واضح هو الضباب الكبريتي المشهور الذي أصاب لندن عامي 1952 1962 نيويورك وفي ، حيث أدخل الآلاف إلى المستشفيات نتيجة 1966 و1963 1953 في أعوام الإصابات بالجهاز التنفسي.

ويتألف الهواء الذي يوجد في طبقة التروبوسفير من النيتروجين بنسبة 75% والأوكسيجين بنسبة 23% والأرجون %01. 3 وثاني % وبعض الغازات الأخرى ضئيلة 04 .0 أوكسيد الكربون بنسبة النسبة. ويعتبر الهواء ملوثا إذا حدث تغير كبير في تركيبه لسبب من الأسباب، أو إذا اختلط به بعض الشوائب أو الغازات أو المواد بقدر يضر بحياة الكائنات التي تستنشق هذا الهواء وتعيش عليه أو تتعرض له. ولا يقتصر الأمر عند هذا الحد، بل ينجم التلوث الهوائي أيضا عن شوائب وأبخرة وغازات أخرى ومواد عالقة، والعديد منها شديد السمية، منها غاز الميثان، ومركبات الكبريت، والزرنيخ، والفوسفور، والسلينيوم، والزئبق، والرصاص، والكاديوم وغيرها، وهي تتكثف عموما في أجواء المناطق الصناعية. وكذلك وجود الميكروبات والفطريات المسببة للأمراض المعدية التي تنتقل عن طريق التنفس، والتي تخرج بكميات كبيرة في هواء زفير المرضى، مسببا لنقل العدوى إلى الأصحاء.

أ مصادر تلوث الهواء :

لم يسلم الهواء على مر الزمن، من دخول مواد غريبة على مكوناته الطبيعية، وقد كان بعض هذه المواد "طبيعيا" كالغبار والكائنات الطبيعية وحبوب اللقاح وأبخرة البراكين والعواصف والأعاصير، في حين كان بعضها "صناعيا" نتج بعد الانقلاب الصناعي الذي شهده العالم خلال القرن العشرين كالكبريت والرصاص وغازات الكربون وأكاسيد النتروجين ومركبات الكلوروفلوروكربون، وغيرها من المواد الطبيعية أو الصناعية.

ويمكن تلخيص أهم مصادر تلوث الهواء بما يأتي:
إحراق مختلف أشكال الوقود للحصول على الطاقة، كماهو مألوف في العديد من الاستخدامات الصناعية والتجارية والمنزلية.

- الملوثات المطروحة من قبل مختلف وسائل النقل التي تستخدم البنزين أو الديزل أو الكيروسين.

- الفضلات الغازية والغبار والحرارة والرقائق المتطايرة والمواد المشعة وغيرها من العناصر التي تنفث إلى الأجواء، كما يحدث ذلك من مداخن المصانع والمعامل مثل: صناعة الاسمنت وغيرها.
بعض هذه المواد الضارة يمكن الشعور بها إذا وجدت في الهواء مثل: زيادة نسبة رطوبة، أو وجود غازات ذات رائحة، أو وجود أتربة، وبعضها الآخر لا يحس بها الإنسان مثل الميكروبات، وغاز أول أوكسيد الكربون. وفي العصر الحديث أصبح الهواء ملوثا بالمواد الضارة التي تنبعث من الانفجارات الذرية تاركة في الهواء الذرات المؤذية.

ب- أنواع الملوثات في الهواء:
يمكن تقسيم الملوثات في الهواء إلى عدة أقسام، وهي:
الدقائقيات العالقة: ويقصد بها المواد المنتشرة كافة، سواء كانت دقائق صلبة أم قطرات سائلة عالقة في الهواء، وتشمل الدقائق الكبيرة كلا من الرمال، والرماد المتطاير، والغبار. في حين تشمل الدقائق الصغيرة كلا من الدخان، والضباب وتشمل الدقائق مجموعة واسعة من ملوثات الهواء، وتكون معلقة في الهواء، وتتنوع أشكالها وتركيبها الكيماوي وتأثيراتها السمية أو الصحية، فضلا عن اعتماد

حركتها وبقائها في الهواء، وكذلك العمق التي تدخله في الجهاز التنفسي على قطرات الدقيقة أو القطرات العالقة، وهذه الدقائق تكون قابلة للملاحظة أو الرؤية بالعين المجردة، فهي قد تكون أليافا متناهية الدقة، أو قطرات ضبابية، أو بكتيريا، أو فيروسات، أو حبيبات لقاح الأزهار، أو غبارا صناعيا، أو طبيعيا وغيرها.

- الجزيئات الصلبة: فهي متعددة المصادر، منها ما هو من أصل حجر مثل الرمل، ومنها ما هو من أصل معدني مثل الحديد، ومنها من أصل أملاح مثل أملاح الرصاص، ومنها من أصل نباتي مثل الطحين، ويتراوح قطر هذه الجزيئات من ميكرون جزء من ألف من المليمتر إلى مئة ميكرون. وتنتج الجزيئات الصغيرة من الدخان، واحتراق الأجسام المختلفة، وتتطاير في الهواء فتحملها الرياح إلى مسافات بعيدة عن مصدرها.

جزيئات المعادن السامة: مثل الأسبستوس، والرصاص، والبريليوم، والكادميوم، والزئبق، فإنها تشكل غبارا يتطاير في الهواء، نتيجة استعمال هذه المادة في مكابح السيارات، والقطارات، والمصاعد الكهربائية، كما يستخدم الأسبستوس كعازل حراري، وغلافا لبعض المواد يقيها من الحريق، هذا بالإضافة إلى بعض الملوثات الأخرى كالرصاص الذي ينتشر في الهواء بشكل أكاسيد الرصاص، وكذا الفحوم الهيدروجية التي تتركب من الكربون والهيدروجين مثل: الميثان والإيثان، وهناك ملوث آخر ناتج عن الاحتراق في المحركات التي تستعمل البنزين أو السولار المازوت.

- المبيدات الكيميائية: وتشكل المبيدات الكيميائية منها المبيدات الزراعية والحشرية مركبات سامة تنتقل إلى الكائنات الحية عن طريق الهواء، أما المواد المشعة والغبار الذري فهي من أخطر أشكال التلوث ذات التأثير العالمي، عند انفجار قنبلة ذرية واحدة ينتشر نحو عنصر مشع ملوث.

ج- إجراءات اللازمة لحماية البيئة من خطر تلوث الهواء.
وأصبح من الواضح والضروري مقاومة تلوث الهواء من الغبار

والغازات، سواء باستخدام الغطاء النباتي، أو استخدام الطاقة البديلة، أو وضع الأنظمة والضوابط الدولية، ومن أهم الإجراءات اللازمة لحماية البيئة من خطر التلوث ما يلي:

- وضع حد لاستمرار حرق القمامة في المجمعات السطحية؛ لما تحويه من المخلفات البلاستيكية كقطع الخشب، الدهانات، مخلفات الزيوت العادية، المواد الكيماوية وغيرها، ويفضل معالجة هذه النفايات بطريقة ملائمة بيئيا أو البحث عن سبل الاستفادة منها.

- حماية الغابات من أخطار انتشار الحرائق وخاصة في فصل الصيف.

- مراقبة الصناعات الكيماوية خاصة المبيدات والصناعات التي يدخل الكلورين ضمن إنتاجها.

- مراقبة الغازات من عوادم الآليات ومداخن المصانع، وإجراء تحاليل دورية للتأكد من عدم مساهمتها بتلوث البيئة.

- عدم السماح باستيراد أو تخزين المركبات الكيماوية التي تحوي كميات تتحدى الحدود الخطرة.

ثانيا□: تلوث المياه:

يعتبر الماء أحد المكونات الضرورية لحياة كل من الإنسان والحيوان والنبات، والماء هو الوسط الذي تجري فيه العمليات الحيوية التي بدونها تنهار الحياة، فلولا الماء لما أمكن للنباتات الخضراء والأحياء الأخرى المحتوية على صبغة الكلوروفيل أن تقوم بصنع الغذاء في عملية البناء الضوئي، وبدون الماء لا يمكن لخلايا الجسم الحي أن تحصل على الغذاء، فالماء مكون رئيسي لأجهزة نقل الغذاء في الكائنات الحية، والفضلات السامة التي تنتج من العمليات الحيوية تطرح خارج الجسم الحي ذائبة في الماء. وتغطي المياه حوالي ثلثي 1370 مليون سطح الكرة الأرضية، ويقدر الحجم الإجمالي لها بحوالي كم، وتوجد الماء في صورة: محيطات، وبحار، وأنهار، وينابيع، ومياه جوفية، وجبال جليدية، ومناطق قطبية. ويوجد إما نقيا ماء المطر قبل أن يذوب في بعض الأملاح في التربة والغازات الموجودة

في الهواء. وإما عذبا مياه الأنهار والبحيرات والمياه الجوفية. وإما مالحا مياه البحار والمحيطات. وتحتوى هذه المياه على معظم معادن الأرض بكميات تفوق كمياتها في اليابسة، وهذا يفسر توجه الإنسان المكثف نحو البحار والمحيطات لاستغلال ثرواتها المعدنية. هذا ولا يخفى علينا ما للماء من أهمية كبيرة في الزراعة والصناعة.

فالماء إذن مكون أساسي من مكونات البيئة التي لا يمكن الاستغناء عنه؛ لبقاء الحياة، واستمرارها، وما يرتبط بذلك من نشاطات بشرية مختلفة في مجالات الزراعة والصناعة وغيرها. وبالرغم من أن الماء يعتبر سر الحياة لكل ما يدب على الكرة الأرضية من كائنات حية. وبدأ تلوثه منذ أن أصبح الإنسان يستخدم مصادر المياه الصافية فيحولها إلى ماء ملوث بمياه المجاري والفضلات، وقد تحولت مليارات من المياه الصالحة للشرب إلى مياه ملوثة، وكذا تلوث المياه من الفضاء الذي اختلط بالمواد المشعة والغبار وغازات المصانع مع الغيوم والمطر، فتحولت هذه الملوثات إلى أمطار حمضية ملوثة أثرت في جميع الكائنات الحية. وقد عرفت مشكلة تلوث الماء منذ زمن بعيد، ومع زيادة عدد السكان وزيادة النشاط الصناعي وتنوعه ازداد تلوث مياه الأنهار والبحار والمحيطات حتى وصل إلى درجة أن الكثير من الأنهار والبحيرات وشواطئ البحار لم تعد قادرة على التنقية الذاتية.

ويقال أن الماء ملوث إذا ما تغير تركيب عناصره، أو تغيرت حالته بطريقة مباشرة بفعل نشاط الإنسان، بحيث يصبح الماء أقل صلاحية للاستعمالات الطبيعية المخصصة له أو بعضها. كما يمكن تعريف تلوث الماء بطريقة أخرى: يقال أن الماء ملوث إذا ما احتوى على مواد غريبة، كأن تكون مواد صلبة معينة أو عالقة أو مواد عضوية أو غير عضوية ذائبة، أو كائنات دقيقة مثل البكتريا، أو الطحالب أو الطفيليات، وتغير هذه المواد من الخواص الطبيعية أو الكيميائية أو الحيوية للماء، وبذلك يصبح غير مناسب للشرب أو للاستهلاك المنزلي أو في الزراعة أو في الصناعة.

أ مصادر تلوث المياه:

تصاب المياه بالتلوث من مصادر متعددة تتوقف على نوعيات ومواقع هذه الخزانات المائية. ومن مصادر تلوث المياه ما يلي:

1. التلوث الطبيعي : ينتج التلوث الطبيعي للمياه من وجود مخلفات طبيعية نباتية أو حيوانية في هذه البيئات المائية بشرط ألا يكون الإنسان دخل في هذا النوع من التلوث. وتشمل هذه المخالفات الأجسام الميتة للكائنات الحية أو المواد العضوية المتخلفة عنها وغير ذلك من المصادر. ومما يساعد على انتشار هذا النوع من التلوث، الدمار الذي لحق بالغطاء النباتي على الكرة الأرضية مثل أشجار الغابات والأحراش بسبب التصحر أو بسبب نشاط الإنسان. والغطاء النباتي على سطح الكرة الأرضية يقوم بدور فعال في درء هذا النوع من التلوث.

2. التلوث الحراري : وينتج هذا النوع من التلوث من استعمال كميات كبيرة من المياه لتبريد المفاعلات النووية أوالحرارية في محطات الطاقة، ثم إعادة صرفها إلى البحر مرة ثانية، وهذا من شأنه أن يؤدي إلى إحداث تغييرا□ واضحا□ في التوازن الحيوي في هذه البيئات؛ نتيجة ارتفاع درجة حرارة المياه عدة درجات مئوية، كما قد يساعد ارتفاع درجة حرارة المياه على ازدهار نمو أحد الكائنات الحية في النظام الحيوي الجديد بدرجة تؤثر على التوازن السائد لهذا النظام الحيوي. وهذا من شأنه أن يؤدي في النهاية لإحداث أضرار حيوية بالغة لهذا المسطح المائي. ومن التغيرات الحرارية للماء انخفاض محتواه من الأكسجين الذائب مع زيادة درجة الحرارة، ومن ذلك زيادة نشاط الكائنات الحية نتيجة لزيادة سرعة العمليات الحيوية بها مما يترتب عليه زيادة الطلب على الأكسجين الذي تقل نسبته مع زيادة درجة الحرارة. كما يؤدي الارتفاع في درجة الحرارة إلى نمو أنواع جديدة من النباتات التي تتلاءم مع درجات الحرارة هذه، والتي بدورها تنافس النباتات الطبيعية في هذه البيئة. هذا

ينعكس على الكائنات الحيوانية في تلك البيئة المائية التي قد لا تستطيع أن تعيش على تلك الأنواع الجديدة من النباتات.

3. تلوث المياه بالنفط ومشتقاته: وينتج هذا النوع من التلوث من انتشار البترول ومشتقاته على مساحات شاسعة من المياه، والذي يؤدي إلى تقليل التبادل الغازي بين الوسط المائي والهواء المحيط به. يترتب على ذلك تقليل نسبة الأكسجين الذائب في الماء، وبطبيعة الحال فإن هذا يؤثر بدوره على الكائنات البحرية. كما أن للنفط ومشتقاته سمية واضحة على الكائنات الحيوانية والنباتية الدقيقة العالقة في الماء، والتي تعد الغذاء الأولى للأسماك. كما تقتل بقع التلوث بالنفط الكثير من الأحياء البحرية الأخرى، وتقتل كذلك الطيور البحرية التي تتلامس أجسامها مع التلوث البترولي في المياه. وأهم الأسباب التي تؤدي إلى تلوث المياه بالنفط: حوادث ناقلات النفط غير المتعمدة وتفريغ مياه التوازن التي تعبأ بها الناقلات وهي فارغة وتسرب النفط أثناء تحميل وتفريغ الناقلات والنفط المتسرب نتيجة الحفر في قيعان البحار والمحيطات وما يصاحبها من حوادث ومصافي النفط ومصانع البتروكيماويات ومعامل التكرير الشاطئية والهجوم على المنشآت النفطية وناقلات النفط أثناء الحروب والنفايات والمخلفات النفطية التي تلقيه ناقلات النفط.

4. الأمطار الحمضية: تعتبر أحماض الكبريتيك والنيتريك المكونان الرئيسيان للأمطار الحمضية، والتي تعمل على تغيير الرقم الهيدروجيني للمسطحات المائية مما يؤثر على الكائنات الحية المائية، وقد تؤدي إلى موتها أحيانا□. وتعتبر الأمطار حمضية.

5. تلوث المياه بالمخلفات الصناعية: تشكل المخلفات الصناعية واحدة من أخطر ملوثات البيئات المائية، فقد يترتب على صرف هذه المخلفات في البحيرات والأنهار والمحيطات والبحار نتائج سيئة جدا□ على الكائنات الحية فيها، أو المرتبطة بها. ومن أخطر أنواع التلوث البحري بالمخلفات الصناعية تلك التي تنتج

من الصناعات الكيماوية، مثل صناعات الورق أو البوهيات أو النسيج أو صناعات المبيدات ومستحضراتها. فمخلفات هذه الصناعات تلوث البيئات المائية بمركبات كيماوية شديدة الخطورة والسمية أو بمعادن ثقيلة سامة مثل الزئبق والرصاص والكادميوم والزرنيخ وغيرها. وتتمثل خطورة هذه الملوثات في: التأثير المباشر على الحياة البحرية وما يترتب عليه من إخلال في التوازن الحيوي فيها. والتعرض لهذه الملوثات له صفة التراكم داخل أجسام الكائنات البحرية الحية كالزئبق، مما يهيئ الفرصة لانتقالها للإنسان من خلال السلاسل الغذائية. وله آثار اقتصادية ضارة علي صعيد الاقتصاد الوطني أو دوليا.

6. التلوث بالمواد المشعة: تتلوث المياه بالمواد المشعة نتيجة لسقوط الأمطار الملوثة بها، أو من مياه التبريد لمحطات القوى النووية، بالإضافة لردم النفايات المشعة في أعماق البحار، أو تفريغ السائل منها بشكل مباشر في مياه البحار والمحيطات، مما أدى إلى زيادة نسبة المواد المشعة في المياه. وترجع خطورة هذا النوع من الملوثات، إلى الآثار السيئة للإشعاع في كونه يتراكم حيويا □ داخل أجسام الكائنات البحرية، إلى أن يصل تركيزها فيها إلى مستويات عالية. ولتصل في النهاية إلى الإنسان من خلال السلاسل الغذائية، مسببة له أخطر الأمراض، هذا بالإضافة إلى تأثيرها المباشر على الحياة البحرية.

7. التلوث بالمبيدات : تلوث البيئات المائية بالمبيدات واحدة من أخطر أنواع التلوث، بسبب أن للمبيدات تأثيرات شديدة السمية على البيئات المائية، وعلى الكائنات الحية بها. وللمبيدات أنواع عدة فمنها: المبيدات الحشرية، ومبيدات الحشائش، ومبيدات الفطريات، ومسقطات الأوراق النباتية، ومبيدات القوارض، ومبيدات الطيور، وغيرها. وتتكون المبيدات من مركبات كيماوية متباينة، ولذلك فهي تؤثر على الكائنات الحية بطرق مختلفة. كما أنها تنقسم حسب فترة بقائها في البيئة إلى مبيدات غير باقية وهي التي يستمر تأثيرها من عدة أيام حتى حوالي أربعة أسابيع،

ومبيدات متوسطة البقاء وهي التي يستمر وجودها في البيئة من شهر واحد وحتى 18 شهراً، ومبيدات طويلة البقاء وهي التي يستمر وجودها في البيئة من عدة شهور وحتى عشرين عاماً، ومبيدات دائمة وهي التي تستمر في البيئة إلى ما شاء الله. وهنا تبرز خطورتها في حال انحلالها في الماء ووصولها إلى البيئة المائية من بحار ومحيطات وأنهار وبحيرات ودخولها ضمن السلاسل الغذائية للإنسان.

8. التلوث بأسمدة النباتات: عند استخدام الأسمدة الزراعية فإن الزائد منها يذوب في مياه الري ويتم غسله ويصل في نهاية الأمر إلى المياه الجوفية، كما تقوم مياه الأمطار بنقل هذه الأسمدة التي تبقت في التربة إلى المجاري المائية كالأنهار والبحيرات. ومن أهم هذه الأسمدة المستخدمة مركبات الفسفور: والتي تتصف بأثرها السام لكل من الإنسان والحيوان ومركبات النترات : التي يتحول جزءا منها إلى أيون النتريت، والذي يؤدي إلى تسمم الدم وقد يفضي إلى الوفاة.

9. تلوث المياه بمسببات العدوى: تعتبر مسببات العدوى من بكتيريا وفيروسات وفطريات وبيوض للطفيليات وناقلات العدوى من أخطر ملوثات المياه، لما لذلك من تأثير مباشر على صحة الإنسان عند استخدام هذه المياه لأغراض الشرب والاستحمام والزراعة والصناعة، وتتلوث المياه بمسببات العدوى من مصادر كثيرة أهمها هو طرح مخلفات الصرف الصحي إلى المسطحات المائية مباشرة وبدون معالجة بيولوجية أو كيميائية. ومن أمثلة ذلك التهاب الكبد الفيروسي الدسنتاريا وشلل الأطفال والكوليرا. كما أن مخازن الأسلحة الجرثومية قد تكون سببا في تلوث المياه بمسببات العدوى الخطيرة مثل جرثومة الجمرة الخبيثة وجرثومة الكوليرا والطاعون والجدري وغير ذلك من الكائنات المستخدمة في الحروب البيولوجية.

10. المخلفات البشرية السائلة: يؤدي التلوث المائي بالمخلفات البشرية إلى زيادة واضحة في كمية المواد العضوية في مياه هذه البيئات. كما يؤدي إلى زيادة التلوث بمواد أخرى مصاحبةمثل المنظفات الصناعية الشائعة الاستعمال في المنازل والمستشفيات والمصانع خاصة مصانع الأدوية والمستخدمة كبديل للصابون. حيث إن الكثير من هذه المنظفات لا تتحلل حيويا☐ بسهولة كالصابون، مما يجعلها تتراكم في هذه البيئات، بالإضافة لسميتها على بعض الكائنات المائية. وغالبا☐ ما تصل المنظفات إلى مصادر المياه المتنوعة دون الشعور بذلك، كما أظهرت الدراسات في الولايات المتحدة الأمريكية أن 40% من الآبار الارتوازية ملوثة بمواد التنظيف.

ب التصدي لمشكلة تلوث المياه:

Waste Water Treatment ؛ وذلك يتم عن طريق معالجة مياه الصرف فنتيجة للزيادة الهائلة في عدد السكان وما صاحب ذلك من تطور تقني فقد زادت نتيجة مياه الصرف الصحي المنزلي وكذلك مياه الصرف الصناعي. وتكمن الأغراض الأساسية من معالجة المياه في ما يلي:

1. المحافظة على التربة وعلى المنشآت العمرانية من وجود هذه المياه على السطح.
2. منع تلوث البيئة بالبكتريا والجراثيم والمخلفات الضارة الموجودة في المياه المستهلكة.
3. منع تلوث المياه الجوفية قريبة المستوى حديثة التكوين.
4. المحافظة على المياه الصالحة من الاختلاط بهذه المياه الملوثة.
5. استعمال المياه المعالجة في أغراض مختلفة.

ومن الممكن أن تنقى مياه الصرف الصحي المنزلي طبيعيا☐ وذلك بفعل التحلل الحيوي الهوائي واللا هوائي للمواد العضوية، وكذلك بفعل الترشيح الطبيعي بفعل الطبقات الصخرية. وتتم المعالجة الطبيعية من خلال الدورات الطبيعية لكل من النتروجين، الكربون، الكبريت بالإضافة لعملية التبادل الأيوني. غير أن المعالجة

الطبيعية بطيئة ولا تكفي وحدها لتنقية مياه الصرف الصحي خاصة بالنسبة للمدن الكبيرة المزدحمة بالسكان، لذا لابد من اللجؤ إلى إيجاد محطات تنقية للإسراع بهذه العملية الطبيعية، ويمكن تقسيم طريقة معالجة مياه الصرف المنزلي في محطات التنقية إلى عدة مراحل سنشير إليها باختصار فيما يلي:

أولا ☐: مرحلة تمهيدية Preliminary treatment وتتضمن هذه المرحلة على ما يلي:

1. المصافي: التي تقوم بحجز المواد الطافية الكبيرة الحجم مثل الأوراق والأخشاب والبلاستيك والأقمشة وغيرها حيث يتم التخلص منها بالردم أو التجفيف والحرق.

2. أحواض حجز الرمل والغرض منها ترسيب المواد غير العضوية إلى قاع الأحواض مثل الأتربة والرمال والمعادن التي تصل إلى شبكة التصريف، لذا تمرر مياه المخلفات البشرية السائلة في أحواض ترسيب رملية بسرعة مناسبة حيث تترسب المواد غير العضوية في قاع الحوض أما المواد العضوية فتبقى عالقة في الماء.

ثانيا ☐: المعالجة الابتدائية: والغرض من هذه المرحلة تحسين خواص المخلفات السائلة وتهيئتها لمرحلة المعالجة البيولوجية، وتشمل أحواض الترسيب الابتدائي، حيث يتم فيها ترسيب المواد سواء كانت عضوية أو غير عضوية. ونتيجة لذلك تنخفض المواد العالقة 55 الموجود في مياه المجاري من التركيز %الموجود في مياه المجاري بنسبة تصل إلى قبل معالجتها، كما ينخفض الأكسجين الحيوي المستهلك بنسبة تصل إلى 40%.

ومن أجل ترسيب هذه المواد تمرر مياه المخلفات السائلة في أحواض سم في الدقيقة، وبهذا تترسب معظم 30 الترسيب الابتدائي بسرعة المواد العضوية العالقة إلى قاع الحوض، حيث تزال منه على فترات مرتين أو أكثر في اليوم. هذا وقد تستعمل في بعض الأحيان المواد الكيميائية لزيادة فعالية الترسيب.

ثالثا ☐: تلوث التربة:

113

تعرف التربة بأنها الطبقة السطحية الرقيقة من الأرض الصالحة لنمو النباتات، وقد تكونت هذه التربة خلال سلسلة من العمليات بالغة التعقيد استمرت ملايين السنين نتيجة فعل الحرارة والرطوبة والرياح والكائنات الحية مثل النباتات الأولية والراقية وكذا الحيوانات.

وتعتبر التربة مصدرا للخير والثمار، ومن أكثر العناصر التي يسيء الإنسان استخدامها في هذه البيئة، فهو قاس عليها، لا يدرك مدى أهميتها، فهي مصدر للغذاء الأساسي له. وتتلوث التربة بدخول مواد غريبة إليها، أو بزيادة في تركيز أحد مكوناتها الطبيعية، مما يؤدي إلى تغير في التركيب الكيميائي والفيزيائي للتربة، وهذه المواد يطلق عليها ملوثات التربة قد تكون مبيدات، أو أسمدة كيميائية، أو أمطار حمضية أو نفايات صناعية، أو نفايات المنازل، أو النفايات المشعة. .
. إلخ. ويؤدي تلوث التربة إلى تلوث المحاصيل الزراعية بمواد تضر بصحة الإنسان الذي يتغذى عليها مباشرة أو غير مباشرة عن طريق انتقال هذه الملوثات إلى المنتجات الحيوانية مثل الألبان والبيض واللحم الذي يتناوله الإنسان.

ومصادر تلوث التربة عديدة ومتنوعة، منها الغلاف الجوي، ومنها الغلاف المائي، وكذلك الغلاف الحيوي بما في ذلك الإنسان وأنشطته المختلفة، وهذا يدل على أن مكونات التربة تعتمد على مكونات الهواء والماء، وتركيب الهواء يعتمد على التربة والماء، وهكذا، أي أن التربة تعتبر إحدى المكونات الرئيسية للدورات الطبيعية لبيئة الأرض والمرتبطة فيما بينها.

أ مصادر تلوث التربة:
تستقبل التربة كميات هائلة من المخلفات والملوثات سنويا، ويمكن تصنيف الملوثات حسب منشئها إلى ملوثات طبيعية وملوثات بشرية، أو حسب طبيعتها إلى ملوثات حيوية وملوثات كيميائية.

1: التلوث الطبيعي
الانجراف أ Weathering : وهو عبارة عن ظاهرة طبيعية تتمثل في تفتيت وتآكل التربة ونقلها بفعل العوامل المناخية وأهمها الرياح والمياه، ويمكن تقسيمه إلى إنجراف وآخر مائي، وتعد هذه الظاهرة

مـن أخطـر العوامـل التـي تهـدد الحيـاة النباتيـة والحيوانيـة. وتكمـن خطورتـه في سرعة حدوثها، حيـث يتم ذلك خلال عاصفة مطريـة أو هوائيـة واحدة، فيمـا نجد أن تكون التربـةتيم بـسرعة بطيئـة جدا. كذلك تزيد كميـة العناصـر المفقـودة مـن التربـة بسبب الإنجراف الريحي والمـائي أضـعاف كثيـرة عـن الكميـات التـي تـزال بفعل المحاصيل المزروعة أو بصفة طبيعية، وتقدر الأراضي الزراعيـة التي خربت 23% فـي العالم في المائـة سـنة الأخيـرة بفعـل الإنجراف بـأكثر من من الأراضي الزراعية.

كمـا أن للإنسـان دورا☐ فـي زيادة إنجراف التربة يتمثل فـي:
تخريـب وإزالة الغطـاء النبـاتي الطبيعـي مـن حشائش وخلافه.
حـرث التربة فـي أوقات غير مناسبة مثل الفتـرات الجافـة مـن العام.
حـرث التربـة المائـل ممـا يزيـد مـن الإنجـراف المـائي لجريئـات التربة.
الرعي الجائر وخاصة في الفتـرات الجافـة، مما يقلل الغطـاء النبـاتي ويفكك التربـة السطحية.

التصحر بـ Desertification: ويعرف التصحر بأنـه:
فقدان التربة لقدرتها البيولوجية بحيث ينتهي شكل الأرض الزراعية والرعوية وتتحول إلى أرض فقيرة زراعيا☐ وتميل إلـى أن تكون صحراوية. وقد ينتج التصحر بسبب عوامل مناخية مثل الجفاف وندرة الأمطار، أو بسبب ازدياد نسبة الملوحة أو زحف الرمـال أو بسبب تدخل البشر مثل عمليات الرعي الجائر أو تحويل الأراضي إلى عمرانية أو صناعية.

الملوثات البشرية الصناعية
استخدام الأسمدة Fertilizers: لقد بدأ الإنسان منذ القدم في استخدام الأسمدة فـي الزراعـة لمـا لاحظه مـن تأثيرهـا الحسن علـى خصوبة التربة وبالتالي زيادة المحصول، وكانـت الأسمدة قديما من النوع العضوي أي مخلفات الحيوان وبقايا النبات مثل السماد البلدي حيث تتحلل المـادة العضوية فـي التربـة ببطء بفعل الأحياء الدقيقة

الموجودة فيها. وينتج عن ذلك مواد ذائبة سهلة الامتصاص وبكميات تفي باحتياجات النبات. وبزيادة عدد السكان وبالتالي توسع الرقعة الزراعية اتجه المزارعون إلى استخدام الأسمدة الكيميائية للتعويض عن العناصر الغذائية التي تستهلكها النباتات المزروعة. وتحتوي الأسمدة الكيميائية بالإضافة إلى النتروجين على الفسفور والبوتاسيوم كمكونات رئيسية، كما قد تحتوي على بعض العناصر التي يحتاجها النبات بكميات قليلة وأحياناً على المغنيسيوم والكبريتات. ولقد أفرط البعض في استخدام الأسمدة بكميات تزيد عن الحاجة الفعلية للنبات من أجل الحصول على محصول أوفر، علماً أن المحصول يزداد بزيادة كمية الأسمدة إلى حد معين بعده تظل كمية المحصول ثابتة مهما زادت كمية الأسمدة.

وتؤدي الزيادة في هذه الحالة وخاصة زيادة الأسمدة النيتروجينية إلى أضرار عديدة نتيجة لتسرب النترات إلى المياه السطحية والجوفية منها:

اضطراب في وظائف المزروعات حال انتقال النترات لها مما يقلل من إنتاجها.

تسمم الحيوانات التي تتغذى على النباتات المحتوية على كمية زائدة من النتروجين.

كما أن حفظ النباتات في الصوامع يؤدي إلى تصاعد غاز ثاني أكسيد النيتروجين نتيجة لتخمرها، والذي بدوره يؤثر على العاملين.

تزايد أعداد البكتريا الضارة في التربة نتيجة لزيادة النتروجين والتي بدورها تعمل على تحويل المواد النيتروجينية الموجودة في الأسمدة إلى نترات مما يزيد من خطر التلوث بالنترات.

غير صالح ppm 10 يعد الماء الذي يزيد محتواه من النترات على الشرب، وفي حال تناول الإنسان وخصوصاً الأطفال لذلك فإن البكتريا الموجودة في الجهاز الهضمي يقوم باختزال النترات إلى نتريت والذي بدوره ينتقل إلى الدم ويتحد مع الهيموجلوبين مقللاً قدرة الدم على حمل الأكسجين مما يؤدي إلى وفاة الأطفال الرضع وموت الحيوانات الصغيرة.

استخدام المبيدات Pesticides □ قا طرقا قـديما المزارعـون : اتبـع
بسيطة للوقاية والتخلص من الآفات الزراعية، مثل: اقتلاع النباتات
المصابة والحشائش والأعشاب الضارة وحرقها. ومـع توسع الرقعة
الزراعية لسد حاجة السكان المتزايد بدأت المبيدات الكيميائية تلعب
دورا □ بـارزا □ فـي الزراعـة. ويوجـد حاليـا □ المئات إن لـم نقـل
الآلاف من المركبات الكيميائية التي تستخدم كمبيدات.
والمبيدات عبارة عـن مركبـات كيميائية متفاوتـة السـمية، تحقـن فـي
المحيط الحيـوي؛ وذلـك لعـلاج حـالات عـدم التـوازن التي حلـتبه،
وتحظى التربة دون غيرها من الأوساط البيئية بالجزء الأكبرمن هذه
المواد السامة؛ حيث تستخدم تلك المـواد في مقاومـة الآفات الزراعيـة
التي مـن أهمها الحشرات والحشائش والفطريات وبعـض الأحيـاء
الأخرى التي تقطن التربة.
والمبيد المثالي هو ذلك المبيد الانتقائي الذي يؤثر فقط على الآفة التي
يستعمل من أجل مكافحتها دون أن يؤثر علـى أعدائها من الحشرات
النافعة، والذي يتحلل بسهولة وفي زمن قصير نسبي إلى مواد غير
سامة، والذي لا يتركز عبر السلسلة الغذائية. أما عكس ذلك فيعتبر
ملوثا □ خطرا للبيئة وهي كثيرة.
ومما يزيد من مشكلة استخدام المبيدات أن مقاومـة الآفات للمبيدات
قد زادت إلى درجة أن الآفات لم تعد تمـوت بجرعـات كانت قاتلة لها
مـن قبـل، ولهذا اضطر المزارعـون إلـى زيـادة جرعـة المبيد، أو
استعماله على فترات أقصر أو خلطه بمبيد آخـر، أو استعمال مبيد
بـديل. وهذا يعني أن الاعتمـاد علـى المبيدات الكيميائية في مقاومـة
الآفات يمثل طريق لا نهاية له، وقد ينتهي الأمر بعدم وجود مبيدات
فعالـة للقضاء علـى بعـض الآفات ممـا قـد يقتـضي عـدم زراعـة
المحصول الذي تهاجمه هذه الآفة.
ج التلوث الحيوي للتربة: ولهذا النوع من التلوث آثاره الكبيرة على
صحة الإنسان والحيوان. فالتربة تتلوث بكائنات حيـة دقيقة ناتجة عن
إفرازات الإنسان عن طريق ري المحاصيل بميـاه المجاري. وتصل

إلى الإنسان إما مباشرة عن طريق التربة أو بطريقة غير مباشرة من خلال الفواكه والخضروات المزروعة في التربة الملوثة. هذه الكائنات الحية تسبب للإنسان العديد من الأمراض مثل الإسهال والتيفويد. كما أن بعض أمراض الحيوانات تنقل إلى الإنسان عن طريق التربة مثل مرض الحمي الفحمية.

د التلوث الإشعاعي للتربة: تعرف ظاهرة النشاط الإشعاعي بأنها عبارة عن: انطلاق لأنواع مختلفة من الإشاعات، مثل أشعة ألفا وبيتا وجاما، من النشاط الإشعاعي الطبيعي أو عن طريق تحفيز هذه الأنوية صناعيا☐ النشاط الإشعاعي الصناعي. وتحتوي التربة على العديد من النظائر المشعة بشكل طبيعي مثل اليورانيوم، الثوريوم، الراديوم، البوتاسيوم وغيرها. كما أنها أصبحت تحتوي على العديد من النظائر المشعة الصناعية والمنتجة من قبل الإنسان، وبكميات تفوق تلك الطبيعية في العديد من مناطق العالم، وذلك لتوسع التطبيقات التي تستخدم فيها هذه المواد المشعة، فمنها التطبيقات العسكرية، الصناعية، الطبية، الزراعية والبحثية وغيرها من التطبيقات. هذا بالإضافة لما تفرزه تلك التطبيقات المختلفة من ملوثات تمتلك خاصية الإشعاع ملوثات مشعة تتطلب معاملة خاصة لتخلص منها بشكل آمن.

وتذوب المواد المشعة في الغبار مباشرة على أوراق النبات وتتراكم في الفروع والجذوع والثمار، أو قد تسقط المواد المشعة الموجودة في الغبار مباشرة على أوراق النبات وثماره فيمتص النبات جزء 20%عن طريق منها ويبقى جزء عالقا☐ به. ويتأثر الإنسان بنسبة 80%عن طريق التلوث المباشر امتصاص التربة للمواد المشعة و للنبات.

هـ ملوثات متنوعة : وهذه تشمل مخلفات المصانع المختلفة مثل مصانع تكرير النفط أو مصانع صهر وسباكة المعادن التي تحتوي فضلاتها على معادن سامة مثل الزئبق والرصاص والزرنيخ والكادميوم وغيرها، وكذلك مخلفات المنازل الصلبة منها والسائلة مياه الصرف الصحي بما تحتويه من أوراق ومواد تغليف وعلب

معدنية ومواد بلاستيكية . . . إلخ والسيارات التالفة.
وإلقاء هذه المخلفات بدون معالجة في التربة، أو تصريفها في المياه التي تستعمل في ري المزروعات لا شك سيؤدي إلى مشاكل صحية وبيئية كبيرة خاصة المواد البلاستيكية نظرا □ لصعوبة إعادة استخدامها وصعوبة تحللها إلى مكونات أبسط وأقل ضررا □ على البيئة. كما أن تسرب أو سقوط الأمطار الحمضية على التربة سيؤثر على اتزان التربة وعلى الأحياء الدقيقة فيها كما سيؤدي إلى فقدان بعض الأملاح والعناصر الهامة في التربة نتيجة لذوبانها في هذه المياه الحمضية وبالتالي هجرتها من التربة إلى المياه الجوفية أو السطحية.

ب التحكم في تلوث التربة:
إن مكافحة تلوث التربة أمر بالغ الأهمية لسلامة البيئة عامة وصحة الإنسان خاصة لذا يهتم علماء البيئة بالتدابير والإجراءات المؤدية إلى التحكم في ملوثات التربة ومن ذلك:
تنظيم وترشيد استعمال المبيدات الكيميائية ومراقبة استخدامها بحذر إلى أن يتم وضع أسس راسخة وفعالة لأي بديل مناسب.
المحافظة على الاتزان الطبيعي وذلك بحماية الغابات غير المستثمرة والمراعي الطبيعية الجبلية وحواف مجاري الأنهار والشواطئ البحرية.
المعالجة السليمة لمياه الصرف الصحي التي تساعد على مكافحة تلوث التربة والبيئة عامة.
التخلص من النفايات الصلبة بالطرق السليمة مثل دفنها في الأرض مع أخذ الاحتياطات اللازمة لمنع تسربها إلى المياه الجوفية أو الهواء الجوي أو إتباع الحرق الصحي أو استخدامها كسماد أو إعادة تصنيعها من جديد مثل الزجاج والمعادن والورق.
سن القوانين والتشريعات التي تحد من التلوث عامة سواء في الهواء أو الماء أو التربة وإجبار أصحاب المصانع على إتباعها.
تشجيع البحوث العلمية المتعلقة بمكافحة التلوث على جميع

المستويات.

رابعاً: تلوث الغذاء :

الغذاء هو مجموعة المواد من أصل حيواني أو نباتي أو كيماوي التي يتناولها الإنسان، وتضمن له جسمه بنشاطاته الحيوية بشكل صحي وسليم.

أما التلوث الغذائي فيقصد به عملية تحول المادة الغذائية من حالة نافعة إلى حالة ضارة بالإنسان، وتتنوع وتتعدد مصادر تلوث الغذاء، ومن أهمها:

تأثير الكائنات الحية في الغذاء مثل: البكتيريا والفطريات وبيض الديدان.

- تفاعل الغذاء مع الأواني المستخدمة في الطبخ أو التي تحفظ فيها مثل بعض أنواع الألمنيوم والبلاستيك.

- إضافة المواد الحافظة والملونة للغذاء، وخاصة ذات التركيب الكيماوي.

- تأثير المواد المشعة نتيجة لتساقط الغبار الذري، على النباتات والتربة الزراعية أو نتيجة لتلوث الهواء والماء بمخلفات التجارب النووية.

- تأثير المواد الكيمياوية كالمبيدات والمواد الكيمياوية.

ويرتبط بالتلوث الغذائي تلوث الدواء، الذي ينتج عن المواد الضارة وتشمل: التدخين، الكحول والمخدرات.

- المضادات الحيوية: وتشمل المواد الكيماوية التي تستعمل في الطب للقضاء على كل ميكروبات الأمراض.

- التداخلات الدوائية والتأثيرات الجانبية: أي تداخل تناول الأدوية يحدث تأثيرا سلبيا على صحة الإنسان، وكذا حدوث أعراض جانبية.

خامساً: التلوث الكهرومغناطيسي :

ويقصد به كل أشكال الأذى والإزعاج والضرر الذي تحدثه الموجات الكهرومغناطيسية للإنسان والحيوان. وتتلخص مصادر التلوث الكهرومغناطيسي فيما يلي:

- محطات الإذاعة والتلفاز.
- شبكات الضغط العالي التي تنقل الكهرباء إلى مسافات بعيدة.
- شبكات الميكروويف المستخدمة في الاتصالات الهاتفية.
- أجهزة الحاسب الآلي.
- أجهزة الهواتف الملونة.
- أجهزة الرادارات.
- الأبواب الالكترونية.

واعتمادا على نتائج هذه الدراسات وغيرها مما هو كثير، فقد أوصى الباحثون بضرورة ألا يزيد مستوى الموجات التي قد يتعرض لها الإنسان في المصانع أو القواعد العسكرية أو في مكان على عشرة آلاف ميكرووات لكل سنة تعبر مربع واحد.

سادسا□: التلوث السمعي الضوضاء:

إن الأصوات جزء لا يتجزأ من حياتنا اليومية، لما لها منفوائد فهي تمدنا بالمتعة والاستماع من خلال سماعنا للموسيقى أو أصوات الطيور، لكن الآن وفي المجتمعات الحديثة أصبحت الأصوات مصدر إزعاج لنا لا نريد سماعها، لذلك فهي تندرج تحت اسم الضوضاء.

الضوضاء كغيرها من الملوثات البيئية ظهرت مع المدنية الحديثة والانفجار في التعداد السكاني، فقبل الثورة الصناعية كانت البيئة الصوتية هادئة، تخضع فيها الأصوات لنظام دوري زمني مرتبط بأنماط النشاط البشري. وقد أثبتت الدراسات أنها تسبب أضرارا□ بالغة للإنسان.

يصعب وضع تعريف محدد وشامل للضوضاء، ويرجع ذلك إلى اختلاف وجهات نظر النوعيات المختلفة من البشر تبعا للأشغال ومهامهم، هذا بالإضافة إلى الحالة النفسية والمناسبات المختلفة التي تلعب دورا□ كبيرا□ تجاه تعريف الضوضاء.

ولكن يمكن القول بأن الضوضاء عبارة عن أصوات غير مرغوب

فيها. وهذا يعتمد على عوامل كثيرة منها استعداد السامع لتقبل الأصوات، وحدة سمعه، وحالته النفسية والصحية، وما إلى ذلك. وينتقل الصوت في الهواء على شكل موجات متتالية تعرف بالموجات الصوتية حيث تهتز جزئيات الهواء، وتنتشر الموجات في جميع الاتجاهات وتسمع عند وقوعها على جهاز السمع فيالأذن. أن سرعة أو البطء الذي يتذبذب به مصدر الصوت أويجعل الهواء يتذبذب Frequency ، يحدد خاصية أساسية للصوت تعرف باسم التردد إذ أن كل ضغط للهواء يتلوه انخفاض ويسميان معا الضغط والانخفاض بالذبذبة ويعبر عن التردد بعدد الذبذبات في الثانية.

أ مصادر الضوضاء:

1 مصادر طبيعية : وتشمل الانفجارات البركانية، والزلازل، والرعد والأعاصير، وأمواج المياه العالية. ولكن الضوضاء بالمقارنة مع الضوضاء التي من فعل الإنسان.

2 مصادر غير طبيعية بشرية:

وسائل المواصلات والنقل المختلفة وهذه تشمل وسائل النقل البرية من سيارات وعربات، ودراجات نارية، وناقلات شحن وخلافه، بالإضافة إلى وسائط النقل الجوية كالطائرات بشتنأنواعها وبالذات من ضوضاء 80 – 60% النفاثة منها. وقد دلت الدراسات على أن المدن سببها السيارات ووسائل النقل الأخرى، كما يزداد معدل الضوضاء سنويا بمعدل واحد ديسيبل بسبب الزيادة المضطردة في وسائل الواصلات.

عمليات البناء والتشييد العمراني، ورصف الطرق، وإقامة مشاريع الخدمات.

الأجهزة الكهربائية المستخدمة في المنازل ومكاتب العمل وتشمل التلفاز، والراديو، والمكانس الكهربائية، وخلاطات الفواكه والخضروات، والغسالات ونحوها.

المصانع والمنشآت الصناعية.

الآثار التي تسببها الضوضاء:

تسبب الضوضاء أضرارا كثيرة للإنسان منها ما هو نفسي وما هو

عصبي، كما أن تؤثر بطريقة غير مباشرة على الناحية الاقتصادية والتعليمية والاجتماعية، وفيما يلي أهم تأثيرات الضوضاء:

1 التأثيرات النفسية : يؤدي ارتفاع شدة الصوت عن المعدل الطبيعي في البيئة إلى نقص النشاط الحيوي، والإثارة، والقلق وعدم الارتياح الداخلي، والتوتر، والارتباك، وعدم الانسجام والتوافق الصحي، وقلة التفكير عند الأشخاص الذين يتعرضون لذلك. ويتوقف ذلك بالطبع على عوامل عدة منها:

طول فترة التعرض: حيث يتناسب التأثير وشدة الخطورة طرديا مع طول فترة التعرض.

شدة الصوت ودرجته: حيث أنه كلما اشتد الصوت كان تأثيره أكبر.

حدة الصوت : حيث إن الأصوات الحادة أكثر تأثيرا من الأصوات الغليظة.

موقع السامع من مصدر الصوت: حيث أنه كلما قرب السامع من مصدر الصوت تأثر به أكثر.

الصوت المفاجئ أكثر تأثيرا من الضجيج المستمر.

2 التأثيرات العصبية : تصل الضوضاء عبر الألياف العصبية إلى الخلايا العصبية المركزية في المخ فتهيجها وهذا التأثير ينعكس على أعضاء الجسم كالقلب الذي يسرع في نبضاته، والجهاز الهضمي الذي يضطرب فتزيد إفرازات المعدة مما قد يؤدي إلى الأصابة بالقرحة المعدية وقرحة الإثني عشر، ويمكن أن يتأثر أيضا الكبد، والبنكرياس، والأمعاء، والغدد الصماء، وتؤدي هذه التغيرات في جسم الإنسان إلى ارتفاع ضغط الدم. كما تسبب الضوضاء التوتر العصبي والانفعالات التي يشكو منها الكثيرون في العصر الحاضر.

3 التأثير على السمع: عندما يتعرض الإنسان إلى صوت شدته أعلى ديسيبل، يبدأ في الشكوى من قسوة هذا الصوت، ويبدأ 50 من ينزعج منه، وعند شدة صوت يحدث ضعف في حاسة السمع قديزول عند زوال المؤثر والابتعاد عن الضوضاء لفترة طويلة،

ديسيبل فما فوق قد يفقد الإنسان 120وعند شدة صوت أعلى من ذلك سمعه تماما☐ ويصاب بالصمم.

4 التأثير على إنتاج العاملين: تفيد الدراسات بأن العاملين الذين يتعرضون إلى الضوضاء أثناء عملهم تقل قدرتهم على الإنتاج، وذلك بالطبع لاحتمال إصابتهم بالأمراض التي سبقذكرها، وتقل قدرة هؤلاء بالذات على القيام بالأعمال الذهنية، وتكثر فترات تغيبهم عن العمل، وحينما عملت بعض الشركات على تجنيب عمالهم الضوضاء وذلك بإجراءات محكمة زاد الإنتاج وانخفض معدل الغياب.

ج التحكم في الضوضاء:

إن التحكم في الضوضاء، الذي أصبح إحدى معضلات الحياة العصرية التي تهدد صحة الإنسان وراحته، يتطلب جملة من الإجراءات يمكن إيراد أهمها فيما يلي:

نشر الوعي عن أخطار الضوضاء على الصحة العامة وما سيترتب على ذلك من ضعف إنتاج في العمل وذلك عن طريق وسائل الإعلام المختلفة.

التخطيط العمراني السليم والذي يراعى فيه مواقع المدارس والمستشفيات والمناطق السكنية بعيدة عن مصادر الضوضاء المسببة للقلق النفسي.

زيادة الرقعة الخضراء بإنشاء الحدائق والأحزمة الخضراء حول المساكن والمدارس والأحياء للتقليل من شدة الأصوات وامتصاصها.

إبعاد المطارات ومحطات السكة الحديدية والنقل العام عن قلب المدن والمناطق الآهلة بالسكان.

إصدار الأنظمة والقوانين المنظمة للتحكم بالضوضاء ومراقبة تنفيذها وفق الإجراءات الآتية:

• إجراءات لخفض مستوى الضوضاء في مواقع مصادر انبعاثها.

• إجراءات لحماية الإنسان الذي يعمل في بيئة تزداد فيها الضوضاء وذلك بتقليل ساعات العمل أو تغيير مواقع العمال بعد فترات محددة وغير ذلك من الوسائل.

• الحد من استخدام منبهات السيارات، وأجهزة التلفاز والراديو وأجهزة الموسيقى ذات الأصوات الحادة والمرتفعة في المقاهي وأماكن الترفيه العامة.

• وضع خطة مرورية شاملة تؤمن تدفق المرور وحركة السير بقدر الإمكان وتجنب الاختناقات التي تعد من أهم أسباب ضوضاء الطرق.

• استخدام المواد العازلة للصوت في بناء المنازل ومكاتب العمل والمدارس والمستشفيات وخاصة في المواقع الصاخبة.

آثار التلوث

أدي التلوث إلى حدوث انقلاب خطير في النظام الكوني، حيث اختلطت الفصول، فلا يعرف الصيف من الشتاء، أو الخريف من الربيع، وهذا بسبب التزايد المستمر لغاز ثاني أكسيد الكربون. والتلوث هو السبب في تحريك الكتل الهوائية المحيطة بالكرة الأرضية وحدوث الفيضانات وانحسار حزام الأمطار حول الكرة الأرضية عن الأماكن الأخرى فيصيبها بالجفاف. ويتعرض تسعة مئة مليون شخص يوميا للتلوث الناجم عن غاز ثاني أكسيد الكبريت، مليون طن 152حيث تنبعث منه مائة مليون طن يوميا، إضافة إلى من ثاني غاز أكسيد الكربون.

تخسر الأرض سنويا خمسة وعشرين مليار طن من التربة بسبب التعرية، ويؤدي هذا إلى تضاؤل مساحة الأرض الزراعية للفرد، الأمر الذي يعني الحاجة إلى مزيد من الأسمدة والمبيدات التي تؤدي بدورها إلى تلويث مصادر الحياة. وهناك أكثر من ثلاثة آلاف حيوان 100على قائمة الأنواع المهددة بالانقراض، كما ينقرض يوميا بين نوع من النبات والحيوان. ويمكن ملاحظة آثار استنزاف طبقة 200و

الأوزون مثل:

التعرض لأشعة الشمس فوق البنفسجية الضارة، وزيادة معدلات سرطان الجلد في كافة خطوط العرض على الكرة الأرضية. حيث أثرت الحوادث البيئية مثل بقعة النفط التي سببتها ناقلة "أكسون فالديز" في آلاسكا، والتسرب الإشعاعي في مفاعل تشيرنوبل، وتسرب أنابيب النفط مؤخرا في شمال روسيا وغيرها من الحوادث في أضرار فادحة للبيئة محليا وإقليميا. وقدرت إحدى الدراسات أن 3.3 كميات النفط المتسربة في بحار ومحيطات العالم، تقدر بحوالي ألف طن 144 مليون طن في العام، وفي مياه الخليج العربي بحوالي 15 % 1997 في العام. وقد بلغت نسبة تآكل طبقة الأوزون في مارس 10 % 1996 بالمقارنة مع شهر مارس سنة حسب إحصائيات وفي تقرير أعدته منظمة الأرصاد الجوية العالمية، وتلقي المنظمة مسؤولية هذا التدهور على مادتي الكلورين والبرومين اللتين تتصاعدان من المواد الكيمياوية التي يصنعها الإنسان مثل الكلوروفلوركاربون.

آليات حماية البيئة من التلوث

من خلال كل ما عرضناه، فإنه من غير الممكن إغفال دور البشر كلا من موقعه، وذلك في التأثير سلبا أو إيجابا في البيئة، فالجميع مدعوون لتحمل مسؤولية الحفاظ على البيئة وهي الضرر الذي سيقع علينا جميعا، وهو لا يعرف الحدود وسينتشر التلوث وآثاره حينها في كل مكان بحيث يصعب القول بوجود مناطق آمنة منه.

رغم هذا كله، فإن الأوان لم يفت بعد، لكن لابد من وجود التضامن والتعاون الدولي، ويكون لزاما على المنظمات الدولية تنسيق الجهود فيما بينها وعلى الدول سن القوانين والتشريعات البيئية الصارمة وملء الفراغ القانوني في مجال حماية البيئة، وعلى وسائل الإعلام تسخير جهودها الجبارة في سبيل التوعية البيئية، فالهدف هو أن يحيا الإنسان حياة مستقرة وآمنة خالية من المخاطر والأمراض وبعيدة عن كل مظاهر الخوف والقلق لنحقق بعدها آمالنا المنشودة.

وقد أصبحت حماية البيئة اليوم من المشاريع التنموية المهمة التي

بدأت جميع الدول العنايـة بها بعد أن تبين لها أن تلك الحمايـة ليست ضرورية فقط لصحة الإنسـان، وأيضا للتنميـة. والهدف من حمايـة البيئة هو المحافظة على التوازن البيئي أو الوصول بالبيئة إلى حالة من التوازن والانسجام بين عناصرها وفقا لقانون الاتزان البيئي.

التنمية المستدامة

مفهـوم التنميـة المستدامة الـذي تهـدف إليـه السـياسة الاقتصادية مرتبط بالرفاهية الاجتماعية وبرفع مستوى المعيشة؛وذلك من خلال رفع مستوى ونوعية حاجات الإنسان الأساسية والثانوية على المدى البعيد. ولتحقيق التنميـة الاقتصادية بمفهومهـا الحـديث، لابد مـن التغلب على عقبات وتحديات كثيرة من أهمها مشكلة البيئة. ولا شك أن هناك اتفاقا عاما على المستوى النظري وفي مختلف دول العالم حول الحاجة إلى ضرورة الربط بين السياسات الاقتصادية والبيئية، إلا أنه لا تزال هنـاك فجوة كبيرة بين بلاغـة الكلام، وبين الممارسـة العمليـة على أرض الواقـع. وسـوف نتعرف علـى مفهـوم التنميـة المستدامة سماتهـا، مبادئهـا، مقوماتهـا، أهدافها، مؤثراتهـا. وكذلك السياسة الاقتصادية باعتبار أن التنمية المستدامة هدفا□ من أهدافها. ولكن قبل أن نتطرق إلـى ذلك لا بـأس من أن نتعرف أولا□ علـى التنمية بمفهومها العام والاقتصادي.

التنمية لغة هي: النماء أو الازديـاد التدريجي، ويستخدم اصطلاح التنمية عادة في المستويات الاقتصادية والاجتماعيـة وغيرهـا. وقد تعدد وتنوعت تعريفات التنميـة فعرفت التنمية بأنها: العملية التي تبذل بقصد، ووفق سياسة عامـة لإحداث تطور وتنظيم اجتماعي واقتصادي للناس وبيئاتهم، سواء كانوا في مجتمعات محلية أم إقليمية؛ بالاعتمـاد علـى المجهود الحكوميـة والأهلية، علـى أن يكتسب كل منهم قدرة أكبر على مواجهة مشكلات المجتمع نتيجة لهذه العمليات". وتعرف التنمية كذلك بأنها: "عملية مجتمعية

تراكمية تتم في إطار نسيج من الروابط بالغ التعقيد، بسبب تفاعل متبادل بين العديد من العوامل الاقتصادية والاجتماعية والسياسية والإدارية، والإنسان هدفها النهائي ووسيلتها الرئيسية ".

كما أنها عرفت بأنها: "عملية تعبئة وتنظيم جهود أفراد المجتمع وجماعته، وتوجيهها للعمل المشترك مع الهيئات الحكومية بأساليب ديمقراطية لحل مشاكل المجتمع، ورفع مستوى أبنائه اجتماعيا واقتصاديا وصحيا وثقافيا ومقابلة احتياجاتهم بالانتفاع الكامل لكافة الموارد الطبيعية والبشرية والفنية والمالية المتاحة.

فالتنمية هي العمليات المقصودة التي تسعى إلى إحداث النمو بطريقة سريعة ضمن خطط مدروسة، وفي فترات زمنية معينة، وتخضع للإرادة البشرية، وتحتاج إلى دفعة قوية تفرزها قدرات إنسانية بإمكانها إخراج المجتمع من حالة السبات إلى حالة الحركة والتقدم، كما أنها تتطلب حكما تسير نحوه إلى الأفضل. نستنتج من ذلك أن التنمية هي فعل إرادي واع، تحكمها سلطة مريدة ومخططة، وبما أن الإسلام لا يحصر التنمية في الجانب المادي بل يتعداه إلى الإنسان أي الفرد والمجتمع، فالتنمية حتى تكون شاملة وكاملة لابد من تضافر كل الجهود سواء كانت فردية أو جماعية. وهناك اختلاف بين مفهوم النمو والتنمية، فالنمو يشير إلى التقدم التلقائي أو الطبيعي أو العفوي دون تدخل من قبل الفرد والمجتمع، في حين أن التنمية هي العملية المقصودة التي تسعى إلى إحداث النمو بصورة سريعة في إطار خطط مدروسة وفترات زمنية معينة.

أنواع التنمية

يتطلب نجاح التنمية وجود أعداد وفيرة من الكفاءات الإدارية والتنظيمية، وتوسيع الجهاز الحكومي، وإعادة تنظيمه وتدعيمه بهذه الكفاءات؛ لمقابلة احتياجات عملية التنمية، كما يتطلب إعادة التفكير في تحديث وإدخال أفكار جديدة داخل بعض التنظيمات والمؤسسات الاقتصادية والاجتماعية والسياسية والثقافية والبيئية التي تعمل على إشباع الحاجات الأساسية والثانوية، وتنقسم التنمية إلى ما

يلي:

- التنمية الاقتصادية : هي عملية تستخدم فيها الدولة الموارد المتاحة لتحقيق معدل سريع للتوسع الاقتصادي يؤدي بالضرورة إلى زيادة مطردة في دخلها القومي، لكن لن يحدث هذا إلا إذا تم التغلب على المعوقات الاقتصادية وتوفر رأس المال والخبرة الفنية والتكنولوجية.

- التنمية الاجتماعية : هي الجهود التي تبذل لإحداث سلسلة من المتغيرات الوظيفية والهيكلية اللازمة لنمو المجتمع وذلك بزيادة قدرة أفراده على استغلال الطاقات المتاحة إلى أقصى حد، لتحقيق قدر من الحرية والرفاهية للأفراد بأسرع من معدل للنمو الطبيعي.

- التنمية السياسية : هي دراسة التنظيم الرسمي للحكومة والإدارة المركزية والمحلية، ودراسة المشكلات التطبيقية في التنظيم والإجراءات ؛ بغية تحقيق التكامل بين القضايا الوصفية والتقويمية.

- التنمية الثقافية : هي التغيير الذي يحدث في الجوانب المادية وغير المادية للثقافة، بما فيها العلوم والفنون والفلسفة والتكنولوجيا والأذواق، بالإضافة إلى التغيير الذي يحدث على مستوى بنيان المجتمع ووظائفه.

- التنمية البيئية المستدامة: هي التي تلبي احتياجات الحاضر دون أن يعرض للخطر قدرة الأجيال التي من شأنها أن تقودنا إلى ممارسة النوع الصحيح من النمو الاقتصادي القائم على التنوع الحيوي والتحكم في الأنشطة الضارة بالبيئة، وتجديد المواد القابلة للتجدد وحماية البيئة الطبيعية.

ثالثا□: أهداف التنمية:

تهدف التنمية إلى ما يلي:

- تحسين حياة البشر؛ من خلال رفع إشباع الحاجات الأساسية للفرد وتحقيق ذاته الإنسانية، وتحسين فرص العدالة الاقتصادية والاجتماعية وفرص المشاركة في العمليات السياسية.

- إحداث سلسلة من المتغيرات الوظيفية والهيكلية اللازمة لنمو المجتمع؛ وذلك بزيادة قدرة أفراده على استغلال الطاقة المتاحة لتحقيق أكبر قدر من الحرية والرفاهية بأسرع من معدل النمو الطبيعي.

- الانتقال إلى مرحلة جديدة شاملة الإنتاج والإنسان ومقدراته وفرص حياته ومشاركته الإيجابية على مستوى مغاير لمرحلة سابقة.

- تهيئة سيطرة الإنسان على بيئته وإمكانيته وطاقاته لبناء حاضره ومستقبله من واقع الشعور بمسؤولية الانتماء الاجتماعي والقدرة على المنافسة في عالم يحكمه منطق الصراع.

- تأمين زيادة مستمرة في متوسط دخل الفرد عبر فترة ممتدة من الزمن، وإلى إنشاء التنظيم السياسي الممثل لمصالح القوى صاحبة المصلحة الحقيقية في التنمية، وإيجاد أعداد وفيرة من الكفاءات الإدارية والتنظيمية، وإجراء تغييرات في القيم والعادات وخلق مؤسسات وتنظيمات جديدة.

- إزالة جميع المصادر الرئيسية لبقاء التخلف منها والفقر والطغيان وضعف الفرص الاقتصادية وكذا الحرمان والقهر الاجتماعي والسياسي.

- تهدف التنمية الإسلامية إلى إقامة مجتمع يتمتع بأعلى مستويات المعيشة الطيبة من خلال الزيادة في الإنتاج إلى أقصى حد ممكن، وتحقيق الكفاية لكل واحد سواء بجهوده الخاصة أو العامة وتحقيق الوفرة الاقتصادية إلى جانب الرفاهية الاجتماعية. وتعتبر قضية التنمية الاقتصادية هي غاية النظم الاقتصادية المختلفة سواء كانت اشتراكية أو رأسمالية أو خليط منها.

عرف مفهوم التنمية الاقتصادية عدة تطورات:

- فخلال عقدي الأربعينات والخمسينات كان ينظر للتنمية على أنها ارتفاع مستوى دخل الأفراد، وكان هذا مرادفا لمفهوم النمو الاقتصادي؛ حيث كان ينظر بعض الاقتصاديين للتنمية الاقتصادية

على أنها عملية يزداد فيها الدخل الوطني ومتوسط دخل الفرد، بالإضافة إلى تحقيق معدلات نمو مرتفعة في قطاعات معينة تعبر عن التقدم.

–   وخلال عقد الستينات أصبحت التنمية الاقتصادية تعني مدى قدرة الاقتصاد الوطني على تحقيق زيادة سنوية من الناتج الوطني بحيث يكون أعلى من معدل زيادة السكان. وبعد أن صاحب ارتفاع معدلات النمو الاقتصادي زيادة في عدد الفقراء، وارتفاع معدلات البطالة، أعيد في منتصف السبعينات مفهوم التنمية لتصبح عملية تخفيض أو القضاء على الفقر وسوء توزيع الدخل والبطالة، وذلك من خلال الزيادة المستمرة في معدلات النمو الاقتصادي.

–   ومع حلول الثمانينات شهدت الدول النامية تدهورا في مستوى الدخل الحقيقي لأسباب داخلية وخارجية مما أدى إلى لجوئها للاقتراض الخارجي، ومن ثم استنزاف الكثير من مواردها الطبيعية للوفاء بالتزاماتها الخارجية، ونتيجة لذلك أصبح هناك اهتماما بمفهوم التنمية.

وعملية التنمية الاقتصادية هي عملية متواصلة، تساهم في زيادة الدخل القومي للبلاد، إلا أن الزيادة المطردة في المكان، والمنافسة الشديدة بين الأنشطة المختلفة، وعوامل التلوث البيئي، والإسراف في استخدام الموارد الاقتصادية، تشكل جميعها قاعدة التحديات التي تقف في مواجهتها مجموعة من الأهداف، والتي تتمثل في المحافظة على تلك الموارد المتوفرة وتنميتها، والعمل على زيادة كمياتها والحد من التلوث وتحسين نوعيتها.

والطلب على مورد معين إنما هو طلب مشتق من الطلب على المنتجات النهائية للفائدة البشرية، والمنتجة من هذا المورد، فمثلا البترول في صورته الأولية ربما لا يصلح لإشباع الحاجات البشرية، ولكن بعد سلسلة من العمليات الاقتصادية يصير اشتقاق العديد من المنتجات البترولية التي يطلبها الإنسان سواء لاستعمالها كوقود لسيارته، أو للتدفئة، أو لتوليد الكهرباء.

131

ومـن هنـا فـإن طلـب مـورد معيـن، يتحـدد بزيادة أو بنقـص مدى تقدم المعارف العلميـة البشرية والتي يترتب عليهـا إمـا زيـادة الحاجـة إلـى مورد معيـن، وذلك بتقديم العديد من الخدمات والسلع الجديـدة التـي تتطلبها، وإمـا بالنقص وهذا ينتج عن اكتشاف بديل أقل تكلفة.

السياسة الاقتصادية

تعرف السياسـة الاقتصادية علـى أنهـا: " تـصرف عـام للسلطات العمومية، واع، منسجم، وهادف، يتم القيام به في المجال الاقتصادي، أي يتعلق بالإنتاج، التبادل، استهلاك السلع والخدمات، وتكوين رأس المـال". وتعرف كذلك بأنها: "مجموعـة القـرارات التـي تتخـذها السلطات بهدف توجيه النشاط في اتجاه مرغوب فيه".

وتتضمن السياسة الاقتصادية ما يلي :

- تحديد الأهداف التي تسعى السلطات أي تحقيقها.

- وضـع تـدرج بـين الأهداف إذ أن بعض الأهداف تكـون غيـر منسجمة.

- تحليل الارتباطات بين الأهداف وذلك بوضـع نمـوذج اقتصادي يوضح العلاقات بين الأهداف.

- اختيـار الوسائل التي تنفـذ بهـا السياسة الاقتـصادية مـنوسائل نقدية، الصرف، الجباية. . إلخ.

أنواع السياسة الاقتصادية:

هناك أنواع للسياسة الاقتصادية منها:

- سياسـة الـضبط التـي تـسعى للمحافظـة علـى التوازنـات الكليـة الكبرى للاقتصاد.

- سياسة الإنعاش التي تهدف إلى إعادة إطلاق الآلـة الاقتصادية.

- سياسـة إعـادة هيكلة الجهاز الصناعي التي ترمـي إلـى تكثيف الجهاز الصناعي مع تطور الطلب العالمي.

- سياسة الانكمـاش التي تهدف إلى التقليص مـن ارتفاع مستوى الأسعار وتؤدي إلى تقليص النشاط الاقتصادي.

رابعاً: أهداف السياسة الاقتصادية:
تنقسم أهداف السياسة الاقتصادية إلى ثلاثة مستويات :
المستوى الأول : أهداف اقتصادية؛ إذ تتعلق بتحقيق الرفاهية الاقتصادية، وهي عادة أربعة أهداف رئيسية، وتسمى "بالمربع السحري للسياسة الاقتصادية"، وهي:

أ‌- نمو اقتصادي مستمر: ويقاس النمو انطلاقا من التغير الذي يحصل في الناتج المحلي الخام، وهو الهدف الذي تسعى إلى تحقيقه أغلب الدول بمعدلات مرتفعة.

ب‌- مستوى مرتفع للتشغيل: ويقصد بالتشغيل هنا عموما التوظيف الكامل لعوامل الإنتاج والتي أساسها عنصر العمالة، التي تعتبر عبئا كبيرا في حالة البطالة.

ج‌- استقرار في مستوى الأسعار: وذلك من خلال التحكمفي التضخم الذي يعتبر معرقلا للسياسة الاقتصادية، خاصة ما يسمى بالتضخم الجامع.

د‌- توازي اقتصادي مع الخارج: وهو توازن ميزان المدفوعات الذي يعبر عن مركز الدولة عالميا، ويبين مدفوعات الدولة للأجانب ومدخلاتها منهم.
استغلال المستوى الثاني : أهداف لتحقيق الرفاهية الاجتماعية وكيفية الموارد.
المستوى الثالث : شبه أهداف، وتتعلق أساسا بنفقات تقوم بها الدولة بخصوص الدفاع الوطني، التعليم والصحة. . . إلخ.
خامسا: علاقة البيئة بالتنمية الاقتصادية:

إن التعامل مع البيئة والمحافظة عليها من التدهور ينسجم مع أهداف التنمية الاقتصادية والتطور، فمن الأهداف الأساسية للتنمية الاقتصادية هو رفع مستوى معيشة الإنسان. وهذا ينسجم مع أهداف المحافظة على البيئة ومواردها. أفضل التعريفات

للمحافظة عليها وحسن التعامل معها هو استغلال مواردها استغلالا عقلانيا، واستعمالها بـالطرق الـسليمة والمنطقية لتحـسين معيـشة الإنسان. والعلاقة بين التنميـة والبيئـة تظهر مـن خـلال المـواردالطبيعية. في كيفية استعمالها، والمقادير المناسبة في المـشاريع التنموية، فإذا تمت التنمية بطرق جائرة ستؤدي إلى تدهور البيئـة مستقبلا والمتمثل في فقدان بعض المـوارد أو قلتها، وعدم خصوبة الأراضي، وزيادة التصحر، وتلـوث الميـاه والهواء، وغيرهـا مـن المـشاكل. وقـد اهتمـت الدراسـات الاقتصادية والتنموية بالموارد النادرة وأهملت الموارد الحرة كالماء والهواء، واعتبرتها –الموارد الحرة ليست لها قيمة تبادلية سوقية أو منخفضة جدا ومـن ثـم فهـي تستهلك دون قيـود أو ضـوابط. لكن بعد ذلك تغيرت النظرة إلى هذه الموارد؛ لما سببته منأضرارا جسيمة للكائنات الحية خاصـة الإنسان مـن جـراء الاسـتعمال المفرط لها، وتغيرت النظرة الاقتصادية إلى هذه الموارد الحرة، إذ أصبح ينظر إليها من جانب قيمتهـا؛ نظـرا لأن التلـوث يـسبب انخفاضا كبيرا لهذه القيمة، مما يترتب عليه تكـاليف باهظة سواء لإزالة التلوث أو لإيجاد البديل لهذه القيمة.

والأهميـة التي تحظى بها البيئـة التي تتعرض للدمار الشامل في الهواء، والماء وعلى اليابسة، وعلى مستوى الغـلاف الجـوي بفعل أنشطة الإنسان المختلفة في الدول الصناعية وفي الدول النامية على حد سواء، خطر عالمي يهدد البيئة. فالإنسان المعاصـر بتكنولوجيته أفسد أكثر مما أصلح، لذا أصبحت البيئة في مواجهـة مشكلة التلوث

التي لم تستطع التصدي لها.

وانطلاقا من ذلك باتت هذه القضية تفرض نفسها على المستويين الداخلي والخارجي، كنتيجة حتمية لإدراك الكثير من دول العالم للصلة الوثيقة بين مواجهة التحدي البيئي ومستقبل كوكب الأرض برمته. وتوضح توقعات البيئة العالمية أنه إذا استمرت الاتجاهات الحالية في النمو الديموغرافي والاقتصادي والأنماط الاستهلاكية، فسيزداد الضغط بصورة كبيرة على البيئة الطبيعية بما يفوق قدرتها الاستيعابية، وقد تضيع المكاسب البيئية والتحسينات الظاهرة نتيجة ازدياد سرعة التلوث واستنزاف الموارد الطبيعية.

لذا طلبت الدول الصناعية الاعتبار من تجاربها والنظر بحلول للمستقبل يساهم فيها المجتمع الدولي كله، ورفضت مسؤوليتها عن الأضرار الحاصلة رغم أن كل الدلائل أثبتت أن الدول الصناعية هي المسئولة الأولى عن التآكل البيئي، في حين ترى الدول النامية أنها لن تعيق اندفاعها نحو النمو الصناعي بتحمل هذه المسؤولية حتى ولو كان تكرارا لتجربة الغرب التي أدت إلى التدهور البيئي، لأجل هذا انعقدت عدة منظمات ومؤتمرات ودراسات عن برامج التنمية المستدامة.

وتشكل التنمية المستدامة هدفا من أهداف السياسات الاقتصادية في كل دول العالم، ولها تأثير واضح على البيئة وعلى الموارد الطبيعية ومستقبل التنمية البشرية عموما، ومن ثم هناك علاقة متبادلة بين التنمية المستدامة وبين البيئة، والجزء الأهم من التنمية المستدامة ستنسجم مستقبلا مع إعادة إنتاج الطبيعة، ولذلك علينا أن ننظر إلى الطبيعة والبيئة بشكل عام كجزء هام جدا في الدورة الاقتصادية، وفي رسم مختلف السياسات الاقتصادية للدول.

والتنمية المستدامة لا تمثل ظاهرة أو اهتماما جديدا، فالدافع وراء مخاوفنا الحالية يرجع إلى آلاف السنين، ولكن التنمية المستدامة كمصطلح فعدد قليل نسبيا سمع به قبل مؤتمر الأمم المتحدة للبيئة، وارتبط هذا المفهوم بتزايد الوعي إزاء 1992 والتنمية في يونيو

المشاكل البيئية من خلال اللجان والمؤتمرات التي مهدت الطريق لظهور فكرة التنمية المستدامة

ويعود أول استخدام لهذا المصطلح لناشطين في منظمة غير حكومية world wildlife fund سنة 1980 ب تدعى ، وقد ترجم إلى العربية بعدة مسميات منها التنمية القابلة للإدامة، وللاستمرار والمتواصلة، والمحتملة، البيئية Bruntland أول من. وتعتبر رئيس وزراء النرويج في تقرير 1987 استخدم مصطلح التنمية المستدامة بشكل رسمي سنة "مستقبلنا المشترك"، للتعبير عن السعي لتحقيق نوع من العدالة والمساواة بين الأجيال الحالية والمستقبلية.

أولا ☐: مفهوم التنمية المستدامة:

إن مفهوم التنمية المستدامة واسع التداول، فلم يعد المشكل في غياب التعريفات بل في تعددها ووجهة نظرها، ولقد عانى مصطلح التنمية المستدامة من التزاحم الشديد في التعريفات ومن بين تلك التعريفات تعريف معهد الموارد العالمية: حيث تضمن التقرير الصادر عن هذا المعهد تقسيم التعريفات المقدمة للتنمية المستدامة إلى أربع مجموعات:

ـ اقتصاديا: تعني التنمية المستدامة للدول المتقدمة التخفيض في استهلاك الطاقة والموارد، أما بالنسبة للدول النامية فهي تعني التوظيف الأمثل للموارد المتاحة من أجل رفع مستوى المعيشة والحد من الفقر.

ـ اجتماعيا: تعني السعي من أجل تحقيق الاستقرار في النمو الديموغرافي، ورفع مستوى الخدمات الصحية والتعليمية، خاصة في المناطق الريفية.

ـ بيئيا: تعني حماية الموارد الطبيعية والاستخدام الأمثل للأراضي الزراعية والموارد المائية.

ـ تكنولوجيا: تعني نقل المجتمع إلى عصر الصناعات النظيفة التي تستخدم تكنولوجيات غير ضارة بالبيئة.

فقد عرف التنمية 1980 أما الاتحاد العالمي للحفاظ على الطبيعة سنة

المستدامة بأنها: "التنمية التي تأخذ في الاعتبار البيئة والاقتصاد والمجتمع".

أما البنك الدولي: فيعتبر نمط الاستدامة هو رأس المال، وعرف التنمية المستدامة بأنها: "تلك التي تهتم بتحقيق التكافؤ المتصل الذي يضمن إتاحة نفس الفرص التنموية الحالية للأجيال القادمة وذلك بضمان ثبات رأس المال الشامل أو زيادته المستمرة عبر الزمن".

وعرف المبدأ الثالث الذي تقرر في مؤتمر الأمم المتحدة للبيئة والتنمية المستدامة 1992 والتنمية الذي انعقد في ريو دي جانيرو سنة بأنها: "ضرورة انجاز الحق في التنمية؛ حيث تتحقق بشكل متساو الحاجات التنموية والبيئية لأجيال الحاضر والمستقبل"، وأشار المؤتمر في مبدئه الرابع أن تحقيق التنمية المستدامة ينبغي أن لا يكون بمعزل عن حماية البيئة بل تمثل جزءا لا يتجزأ من عملية التنمية. كما يرى مجلس منظمة الأغذية والزراعة FAO أن التنمية المستدامة هي إدارة قاعدة الموارد الطبيعية وصيانتها وتوجيه التغيرات التكنولوجية والمؤسسية بطريقة تضمن تلبية الاحتياجاتالبشرية الحالية والمقبلة بصورة مستمرة. في حين نجد بعض الاقتصاديين وضعوا للتنمية المستدامة تعريفا ضيقا ينصب على الجوانب المادية وآخر اقتصادي يركز على الإدارة المثلى للموارد الطبيعية، وهذا لجعل المفهوم أقرب للتحديد.

ويؤكد أصحاب التعريف المادي للتنمية المستدامة على ضرورة استخدام الموارد الطبيعية بطريقة لا تؤدي إلى فنائها أو تدهورها، أو تؤدي إلى تناقص جدواها المتجددة بالنسبة للأجيال المقبلة، وذلك مع المحافظة على رصيد ثابت بطريقة فعالة أو غير متناقص من الموارد الطبيعية مثل التربة والمياه الجوفية والكتلة البيولوجية.

بينما يركز أصحاب التعريف الاقتصادي للتنمية المستدامة على الحصول على الحد الأقصى من منافع التنمية الاقتصادية، بشرط المحافظة على خدمات الموارد الطبيعية ونوعيتها.

وحسب تقرير الإتحاد العالمي للمحافظة على الموارد الطبيعية

تحت عنوان "الإستراتيجية الدولية للمحافظة على الصادر سنة 1981 البيئة" فإن التنمية المستدامة تعني: "السعي الدائم لتطوير نوعية الحياة الإنسانية، مع الأخذ بالاعتبار قدرات النظام البيئي الذي يحتضن الحياة وإمكاناته.

مما سبق، يتبين لنا أن التنمية حتى تكون مستدامة يجب ألا تتجاهل العوامل البيئية، وألا تؤدي إلى استنزاف الموارد الطبيعية، كما يجب أن تحدث تحولات في القاعدة الصناعية والتكنولوجيا السائدة. كما يلاحظ من خلال التعريفات أعلاه أنها تخلط بين التنمية المستدامة من جهة وبين متطلباتها من جهة أخرى، لذلك فهي لم توضح بدقة جوهر التنمية المستدامة، لكن مهما كان أصل المفهوم وتعريفه، فالتنمية المستدامة قد أصبحت واسعة التداول ومتعددة الاستخدامات، حيث لاقت اهتماما كبيرا من قبل المتخصصين والمهتمين بشؤون البيئة.

ونجد أن أغلبية الكتابات تزكي تعريف لجنة البيئة والتنمية التابعة للأمم المتحدة والمعروفة بلجنة "بروتلاند"، حيث تعرف هذه اللجنة التنمية المستدامة PNUD على أنها: "تنمية تسمح بتلبية احتياجات الأجيال الحاضرة دون الإخلال بقدرة الأجيال القادمة على تلبية احتياجاتها".

ثانيا☐: سمات التنمية المستدامة:

1. التنمية المستدامة تختلف عن التنمية بشكل عام، باعتبارها أكثر تداخلا وأكثر تعقيدا من هذه الأخيرة، خاصة فيما يتعلق بالمجال الطبيعي والمجال الاجتماعي.

2. تتوجه التنمية المستدامة أساسا إلى تلبية متطلبات واحتياجات أكثر الشرائح فقرا في المجتمع، وتسعى إلى حد الفقر في العالم.

3. للتنمية المستدامة بعد نوعي يتعلق بتطوير الجوانب الروحية والثقافية والإبقاء على الخصوصية الحضارية للمجتمعات

4. لا يمكن في حالة التنمية المستدامة فصل عناصرها وقياس مؤشراتها؛ لشدة تداخل الأبعاد الكمية والنوعية

5. الملاحظ من خلال التعريفات المتعلقة بالتنمية المستدامة أنها مستمدة من مبادئها الثلاثة وهي: "العدالة الاجتماعية، حماية البيئة،

الفعالية الاقتصادية"، وهنا نجد الاهتمام بربط الجوانب الاقتصادية والاجتماعية بالجوانب البيئية، بمعنى أن الأرض والإمكانيات الطبيعية التي تحتويها كميراث يجب أن يحول إلى الأجيال المستقبلية بشكل غير منقوص، وفي هذا الإطار قام الفيلسوف السويدي Hans JONASS بدمج المفاهيم الثلاثة للتنمية ليستنتج مفهوم التنمية المستدامة حسب الشكل التالي:

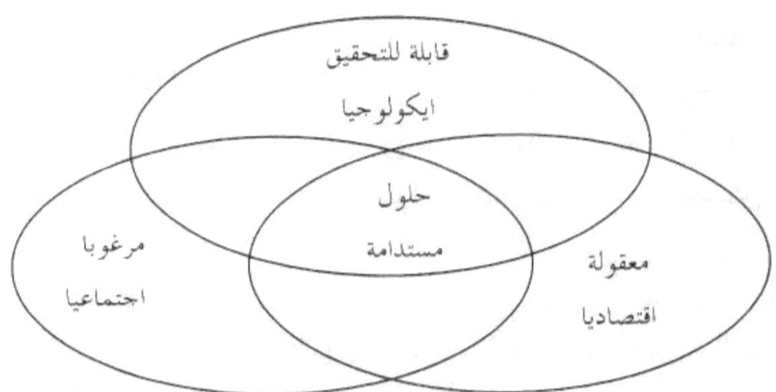

شكل 4: مكونات التنمية المستدامة

تحقيق التنمية المستدامة

تتحقق من خلال التقاء العناصر الثلاثة الرئيسية كما يرى بعض الاقتصاديين أن لمفهوم التنمية المستدامة مستويين أحدهما قوي والآخر ضعيف، تكون الاستدامة قوية إذا وقع حقل النشاطات الاقتصادية ضمن مجال النشاطات الإنسانية. وهذه الأخيرة تكون ضمن الدائرة البيولوجية، وعليه فالنشاطات الاقتصادية تنمو بشكل متضائل على المدى الطويل إذا تم الإضرار بالطبيعة بأضرار جسيمة.

وهناك إمكانية التوسع نحو الخارج في التنمية الاقتصادية والاجتماعية يجب أن يتم في إطار الحدود البيئية، لهذا فالاستدامة القوية ترفض فكرة "الإحلال بين مختلف أشكال رأس المال البشري، المالي، التكنولوجي. . . وتدعم ضرورة بقاء على الأقل جزء من

139

مخزون رأس المال الطبيعي ثابتا.
أما الاستدامة الضعيفة تفترض درجة من الإحلال بين مختلف أشكال رأس المال، بحيث يكون مخزون رأس المال الشامل ثابتا، استنادا " التي تقر أن: رأس المال الطبيعي القابل للفناء sollowإلى قاعدة " يمكن استبداله كليا بمرور الزمن برأس المال التكنولوجي أو المالي.
الغطاء الاقتصادي
يوضح الشكل كيف يمكن التوسع على حساب رصيد الموارد البيئية شريطة بقاء رصيد رأس المال الشامل ثابتا من خلال اتجاه عمليات التنمية نحو الداخل.

ثالثا□: مبادئ التنمية المستدامة:
مع بداية القرن الواحد والعشرين بدأت تتبلور عقيدة بيئيةجديدة تبناها البنك العالمي للإنشاء والتعمير تقوم على عشر مبادئ أساسية هي كما يلي:

المبدأ الأول: تحديد الأولويات:
اقتضت خطورة مشكلات البيئة وندرة الموارد المالية التشدد في وضع الأولويات، وتنفيذ إجراءات العلاج على مراحل، وهذه الخطة قائمة على التحليل التقني للآثار الصحية والإنتاجية والإيكولوجية لمشكلات البيئة وتحديد المشكلات الواجب التصدي إليها بفعالية.

المبدأ الثاني: الاستفادة من الانفاق:
كانت معظم السياسات البيئية بما فيها السياسات الناجحة مكلفة بدون مبرر وبدأ التأكيد على فعالية التكلفة، وهذا التأكيد يسمح بتحقيق انجازات كثيرة بموارد محدودة، وهو يتطلب نهجا متعدد الفروع، ويناشد المختصين والاقتصاديين في مجال البيئة والعمل سويا على تحديد السبل الأقل تكلفة للتصدي للمشكلات البيئية الرئيسية.

المبدأ الثالث: اغتنام فرص تحقيق الربح لكل الأطراف:
بعض المكاسب في مجال البيئة سوف تتضمن تكاليف ومفاضلات، والبعض الآخر يمكن تحقيقه كمنتجات فرعية لسياسات صممت لتحسين الكفاءة والحد من الفقر؛ نظرا لخفض الموارد التي تكرس لحل مشكلات البيئة، ومنها خفض الدعم على استخدام الموارد

الطبيعية.

المبدأ الرابع: استخدام أدوات السوق حيثما يكون ممكنا:

إن الحوافز القائمة على السوق والرامية إلى خفض الأضرار الضريبية هي الأفضل من حيث المبدأ والتطبيق، فعلى سبيل المثال تقوم بعض الدول النامية بفرض رسوم الانبعاث وتدفق النفايات، رسوم قائمة على قواعد السوق بالنسبة لعمليات الاستخراج.

المبدأ الخامس: الاقتصاد في استخدام القدرات الإدارية والتنظيمية:

يجب العمل على تنفيذ سياسات أكثر تنظيما وقدرة مثل: فرض ضرائب على الوقود أو قيود الاستيراد لأنواع معينة من المبيدات الحشرية، إدخال مبدأ الحوافز على المؤسسات الصناعية التي تسعى إلى التقليل من الأخطار البيئية، مثل الحملات الرامية إلى إطلاع الرأي العام ونشر الوعي العام الذي يعتبر أقوى من النهج الأكثر تقليدية.

المبدأ السادس: العمل مع القطاع الخاص:

يجب على الدولة التعامل بجدية وموضوعية مع القطاع الخاص باعتباره عنصرا أساسيا في العملية الاستثمارية، وذلك من خلال تشجيع التحسينات البيئية للمؤسسات وإنشاء نظام الإيزو الذي يشهد بأن الشركات لديها أنظمة سليمة للإدارة والبيئة. كذلك توجيه التمويل الخاص صوب أنشطة تحسين البيئة مثل مرافق معالجة النفايات وتحسين كفاءة الطاقة.

المبدأ السابع: الإشراك الكامل للمواطنين:

عند التصدي للمشكلات البيئية لبلد ما، تكون فرص النجاح قوية بدرجة كبيرة إذا شارك المواطنون المحليون، ومثل هذه المشاركة ضرورية للأسباب الآتية :

- قدرة المواطنين في المستوى المحلي على تحديد الأولويات.

- أعضاء المجتمعات المحلية يعرفون حلولا ممكنة على المستوى المحلي.

- أعضاء المجتمعات المحلية يعملون غالبا على مراقبة مشاريع البيئة.

- إن مشاركة المواطنين تمكن أن تساعد على بناء قواعد جماهيرية تؤيد التغيير.

المبدأ الثامن : توظيف الشراكة التي تحقق نجاحا:

يجب على الحكومات الاعتماد على الارتباطات الثلاثية التي تشمل: الحكومة ـ القطاع الخاص ـ منظمات المجتمع المدني، وغيرها، وتنفيذ تدابير متضافرة للتصدي لبعض قضايا البيئة. المبدأ التاسع :

تحسين الأداء الإداري المبني على الكفاءة والفعالية:

بوسع المديرين البارعين إنجاز تحسينات كبيرة في البيئة بأدنى التكاليف، فمثلا أصحاب المصانع يستطيعون خفض نسبة التلوث بفضل تحسين تنظيم المنشآت من 80%إلى 60%للهواء والغبار من الداخل.

المبدأ العاشر: إدماج البيئة من البداية:

عندما يتعلق الأمر بحماية البيئة، فإن الوقاية تكون أرخص كثيرا وأكثر فعالية من العلاج وتسعى معظم البلدان الآن إلى تقييم تخفيف الضرر المحتمل من الاستثمارات الجديدة في البنية التحتية، وباتت تضع في الحسبان التكاليف والمنافع النسبية عند تصميم استراتيجيتها المتعلقة بالطاقة، كما أنها تجعل من البيئي عنصرا فعالا في إطار السياسات الاقتصادية والمالية والاجتماعية والتجارية والبيئية.

نستنتج أن المبادئ العشرة يسترشد بها الآن جيل جديد من صانعي السياسة البيئية والعقيدة البيئية الجديدة التي تتميز بمزيد من التشدد في إدماج تكاليف ومنافع البيئة في تقرير السياسة يجعل من السكان مكان الصدارة في الإستراتيجيات البيئية، ويشخص ويعالج البواعث السلوكية للإضرار بالبيئة.

رابعا□: المقومات الأساسية للتنمية المستدامة:

لإرساء مفهوم التنمية المستدامة، فلابد من توفر عدد من المقومات التي تشكل مرتكزات التنمية المستدامة وأهمها:

1- تلبية الحاجات الإنسانية للسكان: فالوظيفة الأساسية للتنمية المستدامة هي إعادة توجيه الموارد بما يضمن الوفاء بالاحتياجات الأساسية للمجتمع وتحسين مستوى معيشتهم، لذلك نجدها ترتكز كثيرا على مسألة القضاء على الفقر انطلاقا من اقتناعها أن عالما يستوطنه الفقر واللا مساواة سيكون دون شك عرضة للأزمات البيئية والاجتماعية والاقتصادية.

ويتطلب ذلك تأمين مستوى سكاني مستديم، أي يمكن تلبية هذه المتطلبات بيسر أكبر عندما يكون حجم السكان مستقرا على مستوى ملائم لحجم إنتاجية النظام البيئي، كما يشترط أيضا أن يكون هناك التزام أخلاقي بأن نفعل من أجل الأجيال القادمة، ما فعلته الأجيال السابقة من أجلنا على الأقل.

2- الإدارة البيئية السليمة: لا يمكن تلبية احتياجات الحاضر دون إخلال بقدرة الأجيال المقبلة على تلبية حاجاتها، ما لم توجد إدارة قادرة على ضمان استمرارية الاستفادة من الموارد الطبيعية، دون إهدار وفي إطار القيود البيئية.

ونعني بالإدارة البيئية السليمة تلك التي تساهم في تحقيق التنمية المستدامة بالاستخدام الفعال لكل الأدوات الممكنة، "التشريعات والقوانين البيئية، تقييم الأثر البيئي، الالتزام بمبدأ المحاسبة البيئية، قاعدة المعلومات البيئية وغيرها".

3- التنمية البشرية: تتضمن مذكرات المتحدثين البيئة والتنمية الصادر عن الأمم المتحدة، بأن التنمية البشرية تساوي التنمية القابلة للاستمرار، ويؤكد هذا أنه لا وجود للتنمية المستدامة بدون تنمية بشرية مستدامة، والتنمية البشرية، هي عملية توسيع الخيارات المتاحة أمام المجتمع، وأهم هذه الخيارات اكتساب المعرفة، الحرية السياسية، ضمان حقوق الإنسان.

وتتضمن التنمية البشرية ثلاثة جوانب:

- الأول: تشكيل القدرات البشرية مثل تحسين مستوى الصحة.
- الثاني: هو استثمار المجتمع لقدراته المكتسبة.

- الثالث: يتعلق بالمعرفة والتعليم.

يعتبر الاقتصاد الجهاز العصبي للتفاعلات بين البيئة والتنمية، لذلك فإن التنمية المستدامة تعتمد على مدى النجاح في الموازنة بين النظام الاقتصادي والنظام البيئي مثل التكنولوجيا السليمة بيئيا أي التكنولوجيا النظيفة :

تتعارض التنمية المستدامة مع تكنولوجيا مضرة بالبيئة، وعليه لتحقيق التنمية المستدامة لابد من إعادة توجيه التكنولوجيا المستخدمة مما يجعلها أكثر ملائمة للبيئة وذات استخدام أقل للموارد والطاقة، وتولد قدرا أقل من التلوث والنفايات.

لذا يتعين على الدول النامية أن تستورد تكنولوجيا نظيفة ملائمة لبيئتها المحلية، وأن تعمل باستمرار على تطوير قدراتها الذاتية، فيما يتعلق بالتعامل مع التكنولوجيا مما يجعلها تكسب قدرات ومهارات تقنية تؤمن لها في نهاية المطاف القدرة على تطوير وإنتاج تكنولوجيا محلية نظيفة.

ولابد من الاعتماد على الذات والتعاون الدولي للمشكلات البيئية العالمية: التنمية المستدامة هي تنمية في إطار الاعتماد على الذات، داخل الحدود الوطنية وفي حدود القيود التي تفرضها الموارد الطبيعية، أي لابد لكل دولة أن تتعايش مع بيئتها، وفقا للأسس المحلية، وبما يتيح الموائمة بين حاجاتها ورغباتها، والإدارة الرشيدة للموارد الطبيعية.

وبما أن التنمية المستدامة هدفا لكل شعوب العالم، المتقدمة والنامية، وأن النظم الطبيعية ومشاكل البيئة لا تعترفان بالحدود الإقليمية، فإن التعاون الدولي أمرا ضروريا لدفع التنمية المستدامة نحو الأمام.

أهداف التنمية المستدامة

على اعتبار أن التنمية المستدامة تتمحور حول الإنسان، فيجب أن تحافظ على البيئة التي يعيش فيها، فالهدف الرئيسي هو إجراء تغييرات جوهرية في البنى التحتية والفوقية للمجتمع دون التأثير السلبي على عناصر البيئة.

وعند التدقيق في مفهوم التنمية المستدامة ومتابعة ما نشر عنه من برامج وسياسات يمكن تحديد لأهداف المرجوة من هذه التنمية فيما يلي:

- أنها تساهم في وضع الاستراتيجيات التنموية برؤية مستقبلية أكثر توازنا وعدلا.

- أنها تنطلق من أهمية تحليل الأوضاع الاقتصادية والسياسية، الاجتماعية والإدارية برؤية شمولية وتكاملية، وتجنب الأنانية في التعامل مع الموارد والطاقات المتاحة.

- تهدف إلى توحيد الجهود بين القطاعات العامة والخاصة، لتحقيق الأهداف والبرامج التي تساهم في تلبية حاجات الأجيال الحالية والقادمة.

- تهدف إلى إحداث التغيير الفكري والسلوكي والمؤسسي الذي يتطلبه وضع السياسات والبرامج التنموية، وتنفيذها بكفاءة وفعالية.

- وعلى نطاق الممارسة الميدانية، فالتنمية المستدامة تنشط فرص الشراكة والمشاركة في تبادل الخبرات والمهارات، وتساهم في تفعيل التعليم والتدريب لتحفيز الإبداع والبحث عن أساليب تفكير جديدة.

سادسا□: أبعاد التنمية المستدامة:

لقد شهدت الدول النامية منذ بداية ثمانينيات القرن الماضي تدهورا في مستوى الدخل الحقيقي لأسباب داخلية وخارجية، مما أدى بها إلى الاقتراض الخارجي، وهو ما نتج عنه استنزاف مواردها الطبيعية للوفاء بالتزاماتها الخارجية، ولذلك فقد ازداد الاهتمام بمفهوم التنمية الذي يمثل أبعادا متعددة ومرتبطة فيما بينها، وقد حدد مؤتمر القمة الأبعاد العالمية للتنمية المستدامة المنعقد في "جوهانسبرج" سنة 2002 الرئيسية لمفهوم التنمية المستدامة في ثلاثة محاور، هي كما يلي:

البعد الأول: البعد الاقتصادي:

ويقصد به تحسين مستوى معيشة الأفراد، من خلال تلبية احتياجاتهم من السلع والخدمات.

ويعين البعد الاقتصادي للتنمية المستدامة الانعكاسات الراهنة والمقبلة للاقتصاد على البيئة، وذ أنه يطرح مسألة اختيار وتمويل وتحسين التقنيات الصناعية في مجال توظيف الموارد الطبيعية.

وتوفق التنمية المستدامة بين هذين البعدين، ليس في أخذها بعين الاعتبار المحافظة على الطبيعة فحسب، بل بتقديرها لمجموع العلاقات المقامة بين الطبيعة وبين الأفعال البشرية كذلك.

وتمنح التنمية المستدامة باعتبارها مؤسسة على التآزر بين الإنسان والبيئة، والأفضلية للتكنولوجيات والمعارف والقيم التي تضع في الأولوية الديمومة الكبيرة.

وتدافع التنمية المستدامة عن عملية تطوير التنمية الاقتصادية التي تأخذ في حسابها على المدى البعيد التوازنات البيئية الأساسية باعتبارها قواعد للحياة البشرية والطبيعية والنباتية.

وتتجلى الأبعاد الاقتصادية من خلال تلبية الحاجات والمتطلبات المادية للإنسان عن طريق الإنتاج والاستهلاك؛ حيث تختلف بين البلدان المتقدمة والنامية، غير أنه وفي ظل محدودية الموارد المتاحة للعديد من البلدان، فالبعد الاقتصادي يصعب تحقيقه، ما لم تتوفر مجموعة من العوامل، ويمكن حصرها فيما يلي:

أ‌- حصة الاستهلاك الفردي من الموارد الطبيعية : تشير الإحصائيات أن استغلال الدول الصناعية للموارد الطبيعية يمثل أضعاف ما تستخدمه الدول النامية على مستوى نصيب الفرد، فالولايات المتحدة الأمريكية تستهلك من الطاقة الناجمة عن النفط والغاز والفحم أكثر من الهند بـ 33 مرة، وكما هو الحال في دول منظمة التعاون والتنمية الاقتصادية OCDE أعلى بعشر مرات في المتوسط للدول النامية.

فالتنمية المستدامة في الدول الغنية تتلخص في إجراء تخفيضات متواصلة من مستويات الاستهلاك المبددة للطاقة والموارد الطبيعية وذلك عبر تحسين مستوى الكفاءة، شريطة التأكد من عدم تصدير الضغوط البيئية إلى الدول النامية، كما تعني التنمية المستدامة تغيير أنماط الاستهلاك التي تهدد التنوع البيولوجي والمنتجات الحيوانية

بالانقراض.

ب- مسؤولية البلدان المتقدمة عن التلوث ومعالجته: أدى الاستهلاك المتراكم من الموارد الطبيعية مثل المحروقات للدول الصناعية في الماضي إلى إسهامها في مشكلات التلوث العالمي، لذا تقع عليها المسؤولية الكاملة في معالجته ما دامت تكسب الموارد المالية والتقنية والبشرية الكفيلة باستخدام تكنولوجيا أنظف واستخدام الموارد بكثافة أقل.

ج- تقليص تبعية البلدان النامية: ثمة جانب يربط بين الدول الغنية والفقيرة له تأثير على تحقيق التنمية المستدامة؛ ذلك أنه بالقدر الذي ينخفض فيه استهلاك الموارد الطبيعية في الدول الصناعية يتباطأ نمو صادرات هذه المنتجات في الدول النامية وتنخفض أسعارها، مما يحرم الدول النامية من إيرادات تحتاج إليها لتحقيق تنميتها الاقتصادية والاجتماعية، لأجل ذلك لا بد على الدول النامية الاعتماد على نمط تنموي يقوم على الاعتماد على الذات لتنمية القدرات الذاتية وتأمين الاكتفاء الذاتي.

فالتنمية المستدامة في الدول الفقيرة تعني استغلال الموارد الطبيعية لأغراض التحسين المستمر لمستويات المعيشة، وتخفيف عبء الفقر؛ لأن هناك روابط وثيقة بين الفقر وتدهور البيئة، والنمو السريع للسكان، والتخلف الناجم عن التاريخ الاستعماري، والتبعية المطلقة للقوى الرأسمالية.

د- المساواة في توزيع الموارد: تعتبر الوسيلة الناجحة للتخفيف من عبء الفقر وتحسين مستويات المعيشة مسؤولية كل من الدول الغنية والفقيرة، وتعتبر هذه الوسيلة غاية في حد ذاتها، وتتمثل في جعل فرص الحصول على الموارد والمنتجات والخدمات فيما بين جميع الأفراد داخل المجتمع أقرب إلى المساواة.

هـ تقليص الإنفاق العسكري: كما تعني التنمية المستدامة أيضا تحويل الأموال من الإنفاق للأغراض العسكرية وأمن الدولة إلى الإنفاق على احتياجات التنمية، ومن شأن إعادة تخصيص ولو جزء بسيط

من المواد المكرسة الآن للأغراض العسكرية الإسراع بالتنمية بشكل ملحوظ.

و- توفر عناصر الإنتاج الرئيسية، وفي مقدمتها رأس المال والتنظيم والمعرفة.

ز- رفع مستوى كفاءة وفعالية الأفراد والمنظمات المعنية بتنفيذ السياسات والبرامج التنموية.

ح- زيادة معدلات النمو في الإنتاج لزيادة معدل الدخل الفردي وتنشيط العلاقة والتغذية الراجعة بين المدخلات والمخرجات.

البعد الثاني: البعد البيئي:

تطرح التنمية المستدامة بتأكيدها على مبدأ الحاجات البشرية مسألة السلم الصناعي، أي الحاجات التي يتكفل النظام الاقتصادي بتلبيتها. لكن الطبيعة تضع حدودا يجب تحديدها واحترامها في مجال التصنيع، والهدف من وراء كل ذلك هو التسيير والتوظيف الأحسن للرأسمال الطبيعي بدلا من تبذيره.

ويرتكز مفهوم التنمية المستدامة على حقيقة أن استنزاف الموارد الطبيعية، والتي تعتبر ضرورة لأي نشاط زراعي أو صناعي، ستكون له آثار سلبية على التنمية والاقتصاد بشكل عام، لهذا فإن أهم أبعاد التنمية المستدامة يتمثل في محاولة إيجاد الموازنة بين النظام الاقتصادي والنظام البيئي.

ويركز البعد البيئي على حماية النظم البيئية، والحفاظ على الموارد الطبيعية، والاستخدام الأمثل لها على أساس مستديم، والتنبؤ لما قد يحدث للنظم البيئية من جراء التنمية. ويمكن إجمال الأبعاد البيئية في ما يلي:

أ- صيانة المياه: تعني التنمية المستدامة وضع حد للاستخدامات المبددة، وتحسين كفاءة شبكات المياه، كما تعني تحسين نوعية المياه وقصر المسحوبات من المياه السطحية على معدل لا يحدث اضطرابا في النظم الايكولوجية التي تعتمد على هذه المياه، وقصر المسحوبات من المياه الجوفية بما يضمن تجددها.

ب- تقليص ملاجئ الأنواع البيولوجية: معناه أن يتم صيانة ثراء الأرض في التنوع البيولوجي للأجيال المقبلة؛ وذلك بإبطاء عمليات الانقراض، وتدمير الملاجئ والنظم الايكولوجية بدرجة كبيرة، وإن أمكن وقفها.

ج- إتـلاف التربـة، استعمال المبيدات، تدمير الغطـاء النبـاتي والمصائد: فمن الملاحظ أن تعرية التربة، وفقدان إنتاجيتها يؤديان إلى التقليص من غلتها، كما أن الإفراط في استخدام الأسمدة ومبيدات الحشرات يؤدي إلى تلويث المياه السطحية والجوفية، أما الضغوط البشرية والحيوانية فهي في علاقة سلبية مع الغطاء النباتي والغابات، كما أن هناك مصائد كثيرة من الأسماك في المياه العذبة أو البحرية يرى استغلالها فعلا بمستويات غير مستدامة.

د- حمايـة المناخ من الاحتبـاس الحراري: ويعني عدم المخاطرة بإجراء تغييرات كبيرة في البيئة العالمية من شأنها أن تحدث تغيير في الفرص المتاحة للأجيال المقبلة، وذلك بالحيلولة دون زعزعة استقرار المناخ، أو النظم الجغرافية الفيزيائية والبيولوجية، أو تدمير طبقة الأوزون الحامية للأرض من جراء النشاط البشري.

هـ- المحروقـات والاحتبـاس الحـراري: حيـث يجري استخراج المحروقـات وإحراقها وطرح نفاياتها داخل البيئة، فتصبح بـذلك مصدرا رئيسيا لتلوث الهـواء في المنـاطق العمرانيـة، وللأمطـار الحمضية، والاحتباس الحراري الذي يهدد تغير المناخ.

فالتنمية المستدامة ترمي إلى الحد من المعدل العالمي لزيادة انبعاث الغـازات الحراريـة، مـن خـلال الحـد بصـورة كبيرة من استخدام المحروقـات وإيجاد مصـادر أخـرى للطاقـة لإمـداد المؤسسات الصـناعية. كما تعني أيـضا أن تتخذ البلدان الصناعية الخطوات الأولى للحد من انبعاث ثاني أوكسيد الكاربون واستحداث تكنولوجيا جديدة لاستخدام الطاقة الحرارية بكفاءة أكبر وتوفير إمدادات من الطاقة غير الحرارية تكون مأمونة ونفقتها محتملة.

و الحيلولة دون تدهور طبقة الأوزون : تمثل الإجراءات التي اتخذت

لمعالجة هذه المشكلة في اتفاقية كيوتو مشجعة جدا، حيث جاءت للمطالبة بالتخلص تدريجيا من المواد الكيميائية المهددة للأوزون، وتوضح بأن معالجة مخاطر البيئة العالمية يحتاج إلى تعاون دولي، في حين رفضت الولايات المتحدة الأمريكية التوقيع على هذه الاتفاقية اعتقادا منها بأن قوتها أصبحت فوق إرادة المجتمع الدولي مادام لا أحد يستطيع إجبارها على ذلك.

البعد الثالث: البعد البشري والاجتماعي:

لقد أصبح ينظر للإنسان على أنه المحور الأساسي للتنمية، وهو وسيلة وهدف في آن واحد.

وهذا الطرح للتنمية يختلف عن الفكر الكلاسيكي لتكوين رأس المال البشري؛ فنمو الناتج الإجمالي شرط ضروري للتنمية، لكنه غير كاف خاصة عندما تكون التنمية البشرية غير متوفرة.

وتجدر الإشارة إلى صعوبة تحقيق التوازن بين البعد البيئي والبعد البشري للتنمية المستدامة، وهنا تظهر ضرورة وجود مؤشرات محددة تسمح للدول النامية بتحديد درجة نفاذ الموارد الطبيعية، وبالتالي إيجاد توازن بين استغلال الموارد المتاحة، كالنفط، وبين حجم السكان ومتطلبات التنمية، دون التأثير سلبا على مستوى معيشة الأجيال القادمة.

والبعد البشري للتنمية المستدامة يسعى إلى استقرار النمو الديموغرافي، ووقف النزوح إلى المدن، وتحقيق أكبر قدر من المشاركة الشعبية في تخطيط التنمية، وتحسين قدرة الحكومات على توفير الخدمات المختلفة للسكان، وذلك يتم من خلال النقاط التالية:

أ– تثبيت النمو الديموغرافي: حيث أن هذا الأمر أصبح يكتسي أهمية بالغة، ليس لأنه يستحيل نمو السكان لفترة طويلة بنفس المعدلات الحالية فقط، بل كذلك النمو السريع يحدث ضغوطا حادة على الموارد الطبيعية، وعلى قدرة الحكومات على توفير الخدمات.

ب–مكانة الحجم النهائي للسكان وأهمية توزيعه: توحي الإسقاطات الحالية في ضوء الاتجاهات الحاضرة للخصوبة بأن عدد سكان العالم سيستقر عند حالي 11.6 مليار نسمة، وهو أكثر من ضعف عدد السكان

الحاليين، وبالتـالي وجب النظـر في الحجم النهائي الذي يصـل إليـه السكان؛ ذلك أن حدود قدرة الأرض علـى إعالـة الحيـاة البشرية غير معروفة بدقة.

كما تهتم التنمية المستدامة بضرورة النهوض بالتنمية الريفية لتقليل الهجرة إلى المدن، فالاتجاهات الحالية نحو توسيع المناطق الحضرية ولا سيما تطور المدن الكبيرة لها عواقب بيئية كبيرة؛ إذ تقوم المدن بتركيز النفايات والمواد الملوثة فتسبب في كثير من الأحيان أوضاع لها خطورة على المجتمع وتدمر النظم الطبيعية المحيطة بها، وفالتنمية المستدامة تعني اتخاذ تدابير سياسية خاصة مثل اعتماد الإصلاح الزراعي، واعتماد تكنولوجيات تؤدي إلى التقليص للحد الأدنى من الآثار البيئية للتحضر.

ج- الاستخدام الكامل للموارد البشرية: تعني التنمية المستدامة إعادة تخصيص الموارد بما يضمن الوفاء بالاحتياجات البشرية الأساسية، بمعنى تحسين الرفاه الاجتماعي، وحماية التنوع الثقافي، والاستثمار في رأس المـال البشري بتدريب المـربين والعـاملين فـي الرعايـة الـصحية وغيـرهم مـن المتخصـصين الـذين تـدعو إليـهم الحاجـة لاستمرار التنمية.

د- الأسلوب الـديمقراطي والمـشاركة فـي الحكـم علـى المـستوى السياسي: يشكل اعتماد النمط الديمقراطي، وتوسيع قاعدة المشاركة الشعبية في اتخاذ القرار والحكم بما يعزز ثقة الأفراد بأهمية دورهم، القاعدة الأساسية في تحقيق التنمية المستدامة في المستقبل.

هـ استعمال تكنولوجيا أنظف في المرافق الصناعية: ذلك أن تدفق النفايات خاصة في الدول النامية تكون نتيجة لتكنولوجيات تفتقر إلى الكفاءة أو لعمليات التبديد ولا تخضع للرقابة إلى حد كبير، فالتنمية المستدامة تعني التحول إلى تكنولوجيات أنظف وأكفأ، وتقلص من استهلاك الطاقة وغيرها من الموارد الطبيعية إلى أدنى حد، كما تتسبب هذه التكنولوجيات في ملوثات أقل في المقام الأول، وتعيد تدوير النفايات داخليا، مع إبقاء التكنولوجيات التقليدية التي تفي هذه

المعايير.

مؤشرات التنمية

تشير التنمية المستدامة إلى مجموعة واسعة من القضايا، تنطوي على نهج متكامل في إدارة الاقتصاد والبيئة، والاهتمامات بالمجالات البشرية والقدرة المؤسسية ويحتاج صانعو القرار إلى معلومات للمضي قدما نحو تحقيق التنمية المستدامة، مثل: معلومات عن مرحلة التقدم الراهنة، ومعلومات عن الاتجاهات ونقاط الضغط، ومعلومات عن أثر التدخلات؛ وهذه المؤشرات تسمح لأصحاب القرار وواضعي السياسات من رصد التقدم المحرز في سبيل تحقيق التنمية المستدامة. وينبغي وضع المقاييس العددية للتنمية المستدامة بحذر؛ نظرا للخصائص الفريدة التي تتمتع بها المقاييس الزمانية والمكانية. فقد تكون لدينا أرقام ولكن لا توحي بما نريد معرفته "فوهم اليقين أكثر خطورة من جهل اليقين". وفي الوقت الحالي نحن بحاجة إلى إعداد مؤشرات جيدة للتنمية المستدامة لتقويم أثر النشاطات والتأثير على القرارات نحو الأحسن، حيث يقتضي التوازن بين الأنشطة الاقتصادية والرفاه الاجتماعي واحتياجات البيئة في عملية التنمية تغيير أنماط صنع القرار.

في هذا الإطار اعتمدت لجنة التنمية المستدامة التابعة للأمم المتحدة إطارا تحليليا يصنف المؤشرات إلى ثلاثة فئات رئيسية سنة 1995 وهي:

1- مؤشرات القوة الدافعة: والتي تصف الأنشطة والعمليات والأنماط.

2- مؤشرات الحالة: التي توفر صورة للحالة الراهنة للأمور.

3- مؤشرات الاستجابة: والتي توجد التدابير المتخذة بصدد التنمية الاقتصادية.

وقد جرت العادة على استخدام المؤشرات الاقتصادية في تحديد أهداف التنمية وقياس التقدم المحرز، حيث كان نمو الدخل الفردي الهدف الرئيسي للتنمية، غير أن الأمر لم يعد كذلك، إذ أن بيانات المجاميع الاقتصادية الكلية تحجب أوجه التفاوت بين الفئات، كما أنه

تم الإقرار بأن ثمة أهداف أخرى، مثل تحسين الخدمات الصحية والتعليمية وحماية البيئة في عملية التنمية الاقتصادية، والنهوض بمؤسسات الحكم لا تقل أهمية لتحقيق تنمية مستدامة، ومع ذلك ينبغي التأكيد على أهمية الاستناد إلى مبادئ اقتصادية كلية كنقطة انطلاق لتحقيق التنمية المستدامة.

وتختلف مؤشرات قياس التقدم في تحقيق التنمية المستدامة باختلاف الهيأة المعدة لها، ويرجع ذلك إلى المتغيرات المأخوذة في الإعتبار، والغرض من المؤشر، وحتى وجهات النظر حول مفهوم التنمية المستدامة في حد ذاته. وسنركز على المؤشرات القطاعية للتنمية المستدامة والمؤشرات الأساسية المجمعة في الفصول ذات الصلة بجدول أعمال القرن 21.

أولا□: المؤشرات القطاعية:

تنطوي على إعداد مؤشر البعد البيئي للتنمية المستدامة ومن أهمها:

1 البصمة الايكولوجية: أسس هذا المؤشر ليقيس الضغط الذي يمارسه الإنسان على الطبيعة؛ حيث يقوم على المساحة المنتجة الضرورية لمجتمع ما لتلبية متطلباته استهلاكه من الموارد، احتياجاته من طرح النفايات

، ومن بين أهم خصائص المؤشر نجد:

– المرونة: حيث يمكن قياس البصمة الايكولوجية للعالم، لدولة، لشخص، لمؤسسة.

– الديناميكية: حيث تتطور حسب عدة عوامل، مثل: النمو الديمغرافي، والاستهلاك المتوسط للفرد، التقدم التكنولوجي.

– الربط المباشر بين أهم نقطتين للتنمية المستدامة وهما الحاجة والموارد.

وتجدر الإشارة هنا أن وحدة القياس المستخدمة في هذا المؤشر هي "وحدة المساحة" الهكتار وتعتمد على:

– المساحة الضرورية لامتصاص غاز الكربون،

- المساحة الضرورية لتربية المواشي.
- المساحة الضرورية للزراعة تلبية الاحتياجات الغذائية
. المساحة الضرورية للإنشاء.

- المساحة الضرورية للصيد.

كما يمكن الحصول على البصمة الايكولوجية لمتوسط المساحة لكل فرد بقسمة مساحة الأرض على عدد السكان، فمثلا البصمة الايكولوجية للولايات المتحدة الأمريكية لوحدها متوسط استهلاك %20 من المساحة الدولة مقدرا بوحدة المساحة تستحوذ على ما يفوق الكلية لكوكب الأرض حسب دراسة أجراها باحثون في كولومبيا خلال بداية التسعينات من القرن الماضي.

2 : مؤشر المحاسبة البيئية المحاسبة الخضراء
تهدف المحاسبة الوطنية إلى وضع في الأفق متغيرات معبرة عن حالة وتطور الاقتصاد الوطني؛ لإعطاء أصحاب القرار قاعدة للعمل. فنظام المحاسبة الوطنية هو مجموعة الحسابات التي تقوم بها الدول دوريا لمتابعة تطور اقتصادها، وعادة لا يتم إدماج القيمة الاقتصادية للموارد الطبيعية في نظام المحاسبة الوطنية، ومع بروز مفهوم التنمية المستدامة أدى بالحكومات إلى الرغبة في إدماج البعد الاقتصادي الكلي للبيئة في حقل القرار السياسي، خصوصا بواسطة محاسبة بيئية خاصة تسمى المحاسبة الخضراء. ويمكن تعريفها بأنها: الوصف المنهجي داخل إطار محاسبي للعلاقات المتبادلة بين البيئة والاقتصاد.

وقد أعدت المحاسبة الوطنية الخضراء في القرن العشرين ابتداء من السبعينات، وتم استكمالها في بداية التسعينات بهدف صياغة مؤشرات تنمية مستدامة، الغرض منها الإحاطة بالأبعاد البيئية. ولا تكون الاستعمالات الواعدة أكثر للحسابات البيئية على مستوى الاقتصاد الكلي، حيث لم يتم تحديد دقيق للاستخدامات الملموسة للحسابات، بالإضافة إلى استمرار مشاكل منهجية كبيرة بقدر ما تكون على المستوى القطاعي؛ حيث يترجم الطلب على مثل هذه الأدوات حاجات دقيقة مثل تسيير الماء أو الغابات.

وتستعمل أدوات المحاسبة البيئية في ما يلي:

- تسيير المصادر الطبيعية والبيئية: تقتضي إقامة هذه الحسابات جهدا إدماجيا و تنظيميا للمعلومة، وكذا هيكلة وانسجام للمعطيات حول البيئة. وتسمح هذه الحسابات باكتساب معرفة المحيط، وهي شرط أولي لتسيير ناجح. وهذا بتشخيص حالة المصادر والأوساط الطبيعية وكذا تطورها تبعا للضغوطات التي يمارسها النشاط البشري.

- تقديم مساعدة إلى صانعي القرار: تسمح الحسابات بتقدير الاتجاهات الهامة لتطور البيئة وآثار النشاطات الاقتصادية القطاعية على حركة مخزون المصادر الطبيعية، وبالتالي تساعد صانعي القرار في بلورة سياسات التنمية المستدامة.

- تطوير مؤشرات الديمومة: تجمع حسابات البيئة معلومات قاعدية يمكن انطلاقا منها إعداد مؤشرات الديمومة مثل مؤشرات الاستعمال المكثف للغابات.

ورغم أنه لا يوجد نموذج واحد لمحاسبة بيئية، يمكن تمييز بين ثلاثة مقاربات رئيسية:

أ- ضبط نظام المحاسبة الوطنية : تعتمد على مبدأ الناتج الداخلي الخام الأخضر، وتهدف هذه المقاربة الاقتصادية الكلية الخاصة بالمحاسبة البيئية إلى تهيئة نظام المحاسبة الوطنية بإدماج عدة معطيات داخلية، كتكلفة الأضرار الايكولوجية، وانخفاض مخزون الموارد الطبيعية، نفقات تسيير البيئة، و قيمة الخدمات البيئية، وهذا بهدف ترشيد استخدام الموارد الطبيعية ـتحسين طرق استهلاكها تدهورها بما يسمح بتجددها، والتي تعد استهلاك وسيط متعدد، وعليه يمكن تخفيض مبلغ القيمة المضافة بالنسبة لكل إنتاج ومن ثم حساب الناتج الداخلي الخام مصحح من اختراقات البيئة. فهذا ما يسمى بالناتج الداخلي الخام الأخضر.

وقد طبق لأول مرة في أندونيسيا، مع نهاية الثمانينات من طرف

الذي قيم اندثار الغابات الإندونيسية بهدف المعهد العالمي للموارد WRI إدماج هذا التقييم في المنتج الداخلي الصافي، حيث ألفت انتباه الايكولوجيين والاقتصاديين حول نقائص نظام المحاسبة الوطنية، مما أدى إلى صياغة مؤشر اقتصادي كلي معبر عن ديمومة الاقتصاد الإندونيسي.

إن ضبط نظام المحاسبة الوطنية، و حساب الناتج الداخلي الخام الأخضر، يتصفان ببعض التغيرات الناتجة بالدرجة الأولى عن الخصائص الجوهرية للبيئة التي تعتبر بالأساس ذات طابع غير تجاري، فالمشكلات المنهجية العملية المرتبطة بإدماج البيئة في نظام المحاسبة الوطنية، لم تجد إلى اليوم حلولا لها.

ب- الحسابات التابعة: وهي تهدف إلى تكملة نظام المحاسبة الوطنية على أساس الحسابات التابعة للمعلومة الاقتصادية التي يحتويها نظام المحاسبة الوطنية من دون تغييره.

وقد استعملت في دول كثيرة لتوفير المعلومات المحاسبية المفصلة حول نشاط خاص مثل: البحث و التربية و النقل والحماية الاجتماعية و حماية البيئة.

وتسمح المحاسبة التابعة بتحديد الجهود المتعلقة بحماية البيئة في بلد ما، من دون أن يحدث أي تغيير في مؤشرات الاقتصاد الكلي الناتج الداخلي الخام والناتج الوطني الخام فلا تصحح بالتالي عجزها وتجمع حسابات البيئة التابعة، المعلومات الفيزيائية الصادرة عن الإحصائيات حول حالة البيئة والمصادر الطبيعية ومعلومات متوفرة في الإطار المركزي للمحاسبة الوطنية مثل: مصاريف تجديد المحيط، أو تكاليف الأضرار البيئية.

إذن تمد هذه الحسابات القدرة التحليلية لنظام المحاسبة الوطنية. و تقدم هذه الحسابات الوظائف الثلاثة الأساسية:

- تفكيك نظام المحاسبة الوطنية لاستخراج المظاهر البيئية منه.

- تقويم مخزون المصادر الطبيعية و الخدمات البيئية خارج السوق.

- تقويم الأضرار البيئية الناتجة عن النشاط الاقتصادي.

تـم تخيـل 1970ج حسابات المـصادر و التـراث الطبيعـي : منـذ سـنة حسابات فيزيائية للبيئة من طرف النرويجيين، وتحت تسمية حسابات المـصادر الطبيعـية، نظـرا لصعوبة التقدير النقدي لبعض المظـاهر البيئية في المحاسبة البيئية التابعة، وتعالج هذه الأخيرة مصادر نظـام الإنتاج معبرا عنها بوحدة فيزيائية أو نقدية.

وامتد ذلك في فرنسا التي عمدت على استخدام مؤشرات مادية ونقديـة للمصادر الطبيعيـة القابلـة للتسويق والعناصر الطبيعيـة عديمـة القيمـة التجاريـة بمـا في ذلك الأنظمـة البيئيـة، وأطلـق عليهـا اسم المـوروث الطبيعي، وتتضمن المحاسبة التابعة، كما تشكل وصلـة بين المحاسبة الوطنية –النقدية والمحاسبة المادية.

3: مؤشر التنمية البشرية:

وهو مؤشر وطني تم إعداده مع بداية التسعينات من القرن الماضي، يعتمـد علـى إدمـاج معطيـات اجتماعيـة نوعيـة، يحيـط بـأهم الجوانب الاجتماعية للتنمية؛ حيث يرتبط بالمستوى التعليمي، نصيب الفرد من الدخل الوطني. ويقتصر هذا المؤشر علـى إبراز التقدم في مسـتوى التنميـة البشرية مـن خـلال معطيـات اقتصادية واجتماعيـة فحسـب، ويركـز المؤشـر علـى الخيـارات المتعلقـة بالتنميـة البشرية المتاحـة وأهمها:

– مـستوى معيشي لائـق يمكن تحقيقـه مـن خـلال زيـادة متوسـط نصيب الفرد من الدخل.

– مستوى لائق من التعليم والرعاية الصحية والتغذية الملائمة.

– توفر فرص العمل التي تضمن تحقيق الدخل المناسب.

– إتاحة الفرصة الكاملة لكافة الأفراد للمشاركة في القرارات التي يتخذها المجتمع

– تمتع الأفراد بالحرية السياسية والاجتماعية.

ثانيا21: المؤشـرات الأساسية بجدول أعمال القرن وتقسم إلى : أربعة قضايا رئيسية هي:

- المؤشرات الاقتصادية.   المؤشرات الاجتماعية.

- المؤشرات البيئية   المؤشرات المؤسسية.

1: المؤشرات الاقتصادية

- التعاون الدولي لتعجيل التنمية المستدامة: ويمكن قياسها من خلال نصيب الفرد من الناتج المحلي الإجمالي، ويحسب بقسمة الناتج المحلي الإجمالي بأسعار السوق الجارية في سنة معينة على عدد السكان، ويمكن تصنيفه من مؤشرات القوة الدافعة، ويقيس هذا المؤشر مستوى الإنتاج الكلي وحجمه، ومع أنه لا يقيس التنمية المستدامة قياسا كاملا فإنه يمثل عنصرا هاما من عناصر نوعية الحياة.

- حصة الاستثمار الثابت الإجمالي إلى الناتج المحلي الإجمالي: ويمثل الإنفاق على إضافات الأصول الثابتة للاقتصاد كنسبة من الناتج المحلي الإجمالي، يقيس هذا المؤشر نسبة الاستثمار الإجمالي إلى الإنتاج، ويعبر عنه بنسبة مئوية.

- صادرات / واردات السلع والخدمات: ويبين قدرة البلدان على الاستمرار في الاستيراد.

- تغيير أنماط الاستهلاك: ويمكن قياسه من خلال نصيب الفرد السنوي من استهلاك الطاقة، حيث يقيس هذا المؤشر نصيب الفرد من الطاقة في بلد ما.

- الموارد والآليات المالية: ويتم قياسها من خلال المؤشرات التالية:

• رصيد الحساب الجاري كنسبة مئوية من الناتج المحلي الإجمالي، وتعني نسبة مجموع صافي الصادرات من السلع والخدمات وصافي الدخل وصافي التحويلات إلى الناتج المحلي الإجمالي. ويبين هذا المؤشر فائض أو عجز الحساب الجاري مقارنة بالناتج المحلي الإجمالي ويقيس مدى سرعة تأثر الاقتصاد.

- مجموع الـدين الخـارجي كنسـبة مئويـة مـن النـاتج المحلي الإجمـالي، ويقصد بمجموع الـدين المعطى أو المتلقي، ويقيس هذا المؤشر درجة مديونية البلدان ويساعد في تقييم قدرتها على تحمل الديون.

- صـافي المسـاعدات الإنمائيـة الرسـمية كنسـبة مئويـة مـن النـاتج المحلـي الإجمـالي، تـشمل المـساعدات الإنمائيـة الرسـمية المـنح أو القروض التي يقدمها القطـاع الرسـمي إلـى بعض البلدان والأقـاليم بهدف النهوض بالتنمية أو الخدمات الاجتماعية بشروط مالية مسهلة، ويقيس هذا المؤشر مـستويات المساعدة ميسرة الشروط، التي ترمي إلى النهوض بالتنمية.

2- المؤشرات الاجتماعية:

مكافحة الفقر: ويمكن رصد التقدم المحرز من خلال:

- معدل البطالـة، وهـو نـسبة الأشخاص العـاطلين عـن العمـل إلـى مجموع القوى العاملة، يبين المؤشر جميـع أفراد القوة العاملة الغير موظفين أو عاملين مستقلين كنسبة من القوة العاملة.

- مؤشـر الفقـر البشري، بالنسـبة للبلدان الناميـة فـإن هـذا المؤشـر مركب من ثلاثة أبعاد وهـي: "حياة طويلة وصحية"، وتقاس بنسبة مئويـة مـن النـاس الـذين لـم يبلغـوا سـن الأربعين. "تـوفر الوسـائل الاقتصادية"، يقاس بنسبة مئوية من الناس الذين لا يمكنهم الانتفاع بالخدمات الصحية والمياه المأمونة، و"نسبة الأطفال دون الخامسة" الذين يعانون من وزن ناقص بدرجة معتدلة أو شديدة.

- السكان الذين يعيشون تحت خط الفقر الوطني، ويعبر عن النسبة المئويـة للـسكان الـذين يعيشون دون خط الفقر الوطني، وتختلـف التقديرات الوطنية بين البلدان، ويستند غالبا إلى التقديرات المستمدة من مسوح الأسر المعيشية، تجدر الإشارة أن المؤشرين السابقين يستخدمان في تقييم حالة الفقر في بلد ما كنسبة مئوية.

- الديناميكية الديمغرافية والاستدامة : ويقاس من خلال معدل النمو السكاني وهو عبارة عن متوسط تغير المعدل السنوي بالنسبة لحجم السكان، ويقيس هذا المؤشر معدل النمو السكاني للسنة.

- تعزيز التعليم والوعي العام والتدريب: وذلك عن طريق:

• معدل الإلمام بالقراءة والكتابة بين البالغين: ويعبر عن نسبة الأشخاص الذين لا تتجاوز أعمارهم 15 سنة ولا يدركون القراءة والكتابة، ويحدد المؤشر نسبة الأميين بين البالغين.

• المعدل الإجمالي للالتحاق بالمدارس الثانوية : مجموع الملتحقين بالمدارس الثانوية كنسبة من عدد السكان الذين هم في سن الدراسة بالمدارس الثانوية، ويبين مستوى المشاركة في التعليم الثانوي.

- حماية صحة الإنسان وتعزيزها: عن طريق:

• متوسط العمر المتوقع عند الولادة : يستخدم كبديل له نسبة الأشخاص الذين لا يتوقع لهم أن يبلغوا سن الأربعين، يفترض هذا المؤشر أن الأنماط السائدة ستظل على حالها طوال حياة الفرد.
عدد السكان الذين لا يحصلون على مياه مأمونة والخدمات الصحية وتوفر درجة مرتفعة من الانتفاع بمياه الشرب المأمونة والخدمات الصحية أمر أساسي للتنمية المستدامة.
تعزيز التنمية المستدامة للمستوطنات البشرية : وتقاس بنسبة السكان في المناطق الحضرية ويعتبر أكثر المؤشرات استخداما لقياس درجة التوسع الحضري.

3- المؤشرات البيئية:
حماية نوعية موارد المياه العذبة وإمداداتها: وذلك عن طريق:

• الموارد المتجددة / عدد السكان : ويبين نصيب الفرد السنوي من الموارد المائية المتجددة المتاحة.

• استخدام المياه/ الاحتياطات المتجددة : و يبين نسبة كمية المياه المستخدمة إلى مجموع الكمية المنتجة.

النهوض بالزراعة والتنمية الريفية المستدامة: من خلال:

◻ نصيب الفرد من الأراضي الزراعية : يبين المؤشر نصيب الفرد من المساحة الإجمالية للأراضي المتاحة للإنتاج الزراعي.
استخدام الأسمدة : يحدد كمية الأسمدة المستخدمة في الزراعة للوحدة من الأراضي الزراعية، حيث يقيس كثافة استخدام الأسمدة.
مكافحة إزالة الغابات والتصحر:

• التغير في مساحة الغابات : وهو التغير الذي يحصل مع مرور الوقت في مساحة الغابات كنسبة من المساحة الإجمالية للبلد.

• نسبة الأراضي المتضررة بالتصحر، يتم الحصول عليها عن طريق مساحة الأراضي المصابة بالتصحر ونسبتها إلى المساحة الإجمالية للبلد، ويقيس مساحة التصحر وشدته.

4 :المؤشرات المؤسسية
الحصول على المعلومات ووسائل الاتصال:

◻ 1000 الحصول على المعلومات: وذلك من خلال أجهزة التلفاز لكل نسمة، وعدد الصحف اليومية لكل 1000نسمة، وأجهزة الراديو لكل نسمة، وتبين هذه المؤشرات مدى حصول السكان على 1000 المعلومات. الحصول على وسائل الاتصال : من خلال خطوط الهاتف نسمة، ويعتبر هذا المؤشر أهم مقياس لدرجة تطور 1000 الرئيسية لكل الاتصالات السلكية واللاسلكية في أي بلد.
الحصول على المعلومات بالوسائل الإلكترونية : ويمكن الوصول 2 إلى هذا المؤشر من خلال عدد المشتركين في الانترنت لكل شخص، ويقيسان 1000 شخص، وحاملي الحواسيب الشخصية لكل 1000 المؤشران مدى مشاركة البلدان في عصر المعلومات.
العلم والتكنولوجيا : ويمكن الوصول إليه من خلال عدد العلماء 3 والمهندسين العاملين في مجال البحث والتطوير لكل مليون نسمة، والإنفاق على البحث والتطوير كنسبة مئوية من الناتج القومي الإجمالي، تجدر الإشارة إلى أن المؤشرين السابقين يبينان حجم

الموارد المخصصة للبحث والتطوير.

نظريات استخدام الموارد الاقتصادية

من المرجح أن يتذكر معظم المخططين ضرورة مراجعة الحجة الاقتصادية للتخطيط في أي دورة نظرية لتخطيط التنمية. وإخفاقات السوق مثل تلك المتعلقة بالعوامل الخارجية وعدم التناسق في المعلومات هي مبرر للتدخل الحكومي، لأن التخطيط هو وظيفتها، وبالتالي فإن إخفاقات السوق تكون بسبب سوء التخطيط لعوامل الخارجية؟ وما هي السياسات المتعلقة بالتخطيط التي تنطوي عليها هذه النظريات؟ على مدى الوظيفتين التاليتين نستكشف هذه الأفكار. يتم مناقشة مأساة هاردن في عموم استخدام الموارد الطبيعية ووجودها معظم الأثر البيئي وعرض ذلك في المناقشات المتعلقة بالسياسة البيئية. وإفترض العديد من المخططين صحة هذه النظرية. بدلا من ذلك أود أن ننظر إلى نظريتين متنافستين آخرين. وترتبط نظرية كاوس ارتباطا وثيقا بعمل هاردن في كونهما يعتمدان على افتراض مماثل. ويتيح التحليل البيغوي للعوامل الخارجية مجموعة متنافسة من الآثار المترتبة على السياسات. تحليل بيغو ربما يكون إطارا أقوى لفهم دور المخططين في معظم الظروف على التعرف على الظروف المناسبة. وهناك التحليل البيغوفي للسلبيات الخارجية، ونركز للعوامل الخارجية. حيث يؤدي منحنى العرض والطلب إلى عدد من الافتراضات:

1. العرض = التكلفة الشخصية الهامشية (MPC) = التكلفة الاجتماعية الهامشية (MSC)

2. الطلب = المنافع الشخصية الهامشية (MPB) = المنافع الاجتماعية الهامشية (MSB)

ومن الضروري أن يتضمن هذين الافتراضين بأنه لا توجد أي آثار خارجية. وبما أننا نشعر بالقلق إزاء العوامل الخارجية السلبية المرتبطة بالتلوث البيئي.

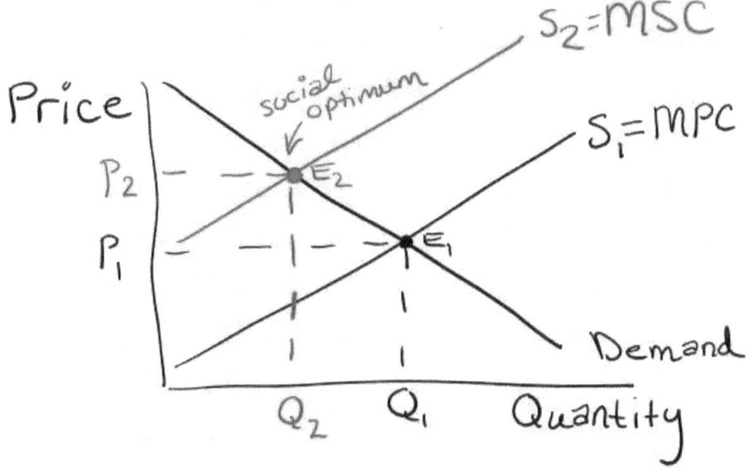

شكل 5 : منحنيات المنفعى الحدية

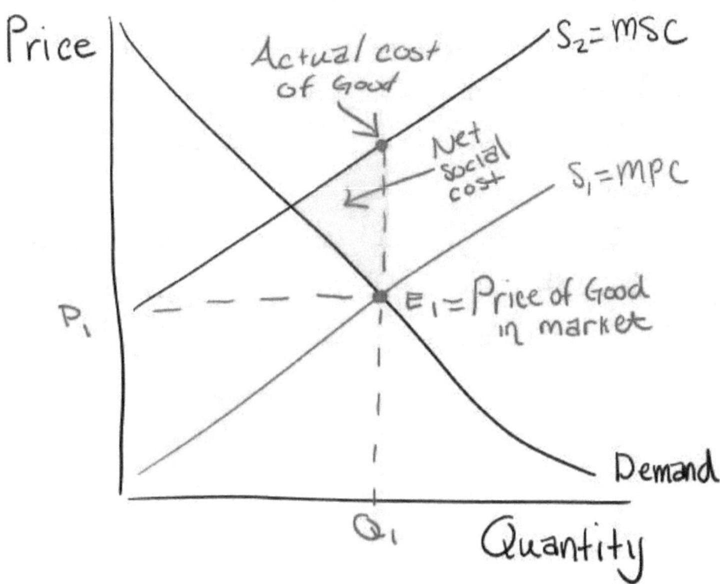

شكل 6 : منحنيات المنفعة الحدية المجتمعية والفردية في ظل آلية السوق الحر

يمثل المنحني العرض الذي توفره المنشأة الاقتصادية القادرة على توفير السلعة بأسعار أقل تحديدا لأنها قد قامت بتخفيض بعض التكاليف. ولذلك، في ظل وجود العوامل الخارجية، فإن المجتمع ومع P1. واستهلاكها في سعر Q1 ، حيث سيتم إنتاج السلع E1 يعمل في على الرغم من أن E2 ذلك، فإن الأمثل الاجتماعي الحقيقي هو في . المستهلكين قد يرون أنهم يستفيدون من انخفاض الأسعار، والمجتمع في الواقع تعاني من تكلفة صافية فوق ما هي قيمة السلع من حيث الفائدة. ولا تزال هذه التكاليف مدفوعة، ولكن بصورة غير مباشرة ومن جانب أطراف خارجية. من شأن تحقيق نتيجة أكثر كفاءة أن يكون في الواقع إنتاج عدد أقل من الخير لتجنب الزيادات في التكاليف التي لا تبررها الزيادات في الاستحقاقات.

بتجاوز ذلك قدرات المجتمع من حيث التكلفة من خلال التشغيل في والحقيقة هي أن معظم الصناعات MPC بدلا من توازن MSCتوازن لها تكاليف خارجية وهناك للتكاليف الاجتماعية للمشاريع التجارية حجة ممتازة أن التركيز الرأسمالي على التقليل من تكاليف الشركات الفردية يحفز مباشرة على الخارج من التكاليف، وبالتالي يضمن نتائج غير فعالة، فما هي الآثار المترتبة على هذا النموذج في السياسة العامة.

يعني هذا النموذج عموما أن الضرائب والرسوم التي تساوي الفروق MSB ستحول منحنى MSC و MPCالتقريبية في الأسعار بين لجنة صعودا حتى التوازن الذي يعمل فيه المجتمع تحت وضع الأمثل اجتماعيا.

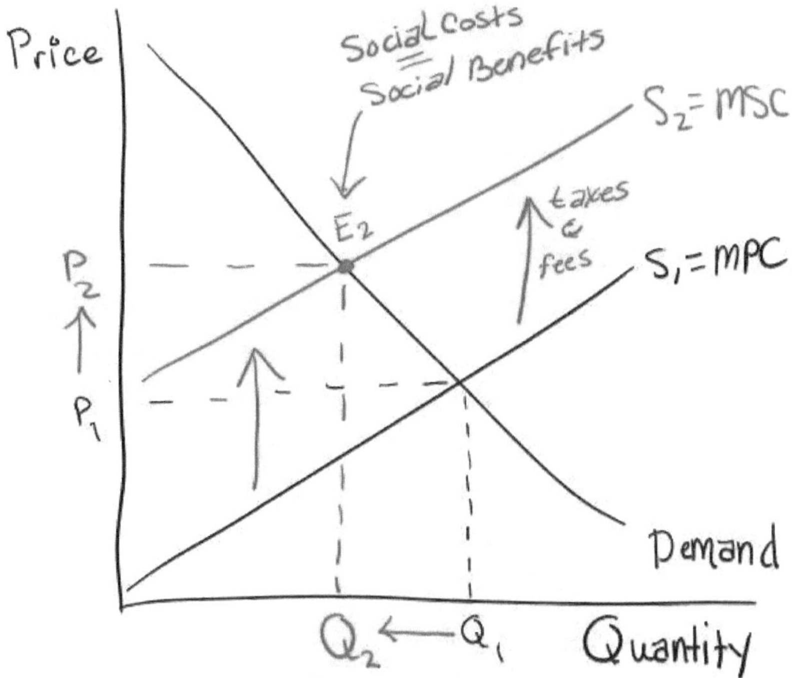

تتحـول الـضرائب والرسـوم لأداة فعالـة فـي الـسياسة النقديـة ونحـو السـلامة البيئيـة مـن خـلال إجبـار الـشركات علـى اسـتيعاب تكـاليف الإنتـاج. ويمكن أن تبـدأ تـأثيرات التخطيط علـى قيـمة الأراضـي فـي تقريـب هـذه العمليـة. فالتدابيـر التـي تزيـد مـن تكلفـة الأراضـي فـي المناطق الحساسة بيئيا، علـى سبيل المثال، MPC إلـى قد تحـول منحنى الأعلـى للإنتـاج فـي تلك المنطقة وتخفض التكاليف الخارجيـة في شكل تلوث. ولتحليل مثـال علـى ذلك، فإن اسـتخدام أرصدة الحفظ للحفاظ علـى الأراضـي الحسـاسة بيئيا مـن سـوق العقـارات يشدد توريـد الأراضـي، وكل ما يساوي ذلك، يجب أن يرفع قيمة الأراضي بالنسبة للإمدادات المتبقية. وستعمل في حدود النمو الحضري بطريقة مماثلة. وفي هذه الأمثلة التي تقتصر علي حماية الأراضي المحفوظـة بشكل مباشـر مـن خـلال عمليـات الحفـظ فحسـب، بـل تساهم جميعها في مسـاواتها وجميـع المنـاطق المحيطة بهـا مـن خـلال خفض الإنتاج

المحفـز في السـوق الـذي سـيؤدي إلـى تقليل التلـوث. وتعرض هذه الاستراتيجية بعض التضارب في المصالح: النمو هو الهدف المنشود والنمو يأتي من زيادة، وليس تناقص، الإنتاج. بالإضافة إلى ذلك، لا ينبغي تجاهل الآثار الاجتماعيـة للنمو الوظيفي المنخفض أو السلبي من هذه الاستراتيجية. وهذا يشير إلى أن هذه الاستراتيجيات قد يكون أسهل لتنفيذ في سياقات تظهر ما يلي:

1. المنـاطق ذات الاقتـصاد القـوي بقـدرتها علـي اسـتيعاب العمالـة الكاملة أو شبه الكاملة.

2. ينبغي أن تكون حوافز تشجيع الشركات على اعتمـاد تكنولوجيـات الحد من التلوث وسلاسل الإمداد المحلية مصاحبة لاستراتيجية المحافظـة علـي البيئـة. ومـن شـأن هذه السياسـات أن تسـاعد على تقليل الأثر السلبي المترتب على الاقتصاد المحلي أو الإقليمي.

3. لمناطق التي تعاني من تعثر الاقتصاد وارتفاع معدلات البطالة لا تـزال تـستفيد مـن الحفـظ فـي حمايـة المرافق البيئيـة وانخفاض التلوث هو بالتأكيد فائدة اقتصادية، وأصحاب العقارات الحالية من المرجح أن تستفيد من الزيادة في قيم الأراضي.

مع ذلك، فإن هذا النموذج يعني أن هذه المجالات ليس من المرجح أن تستفيد من حيث العمالـة المحلية والنشاط الاقتصادي من حفظ البيئـة وحده. ويبدو أن التبادل التجاري في التكاليف والمنافع هنا نوعية. هذه القضايا تعني أن هذه الاستراتيجية يجب أن تستخدم بعناية في هذه المجالات وأن تتضمن إستراتيجية بنائيـة موازية طموحة تدعم توليد فرص العمل للسكان الموجودين في المدينـة أو المنطقة أو، بدلا من ذلك، في النظم الإيكولوجية أفضل وربما تحفيز السكان إلى المنـاطق أكثر ملاءمة للنشاط الاقتصادي.

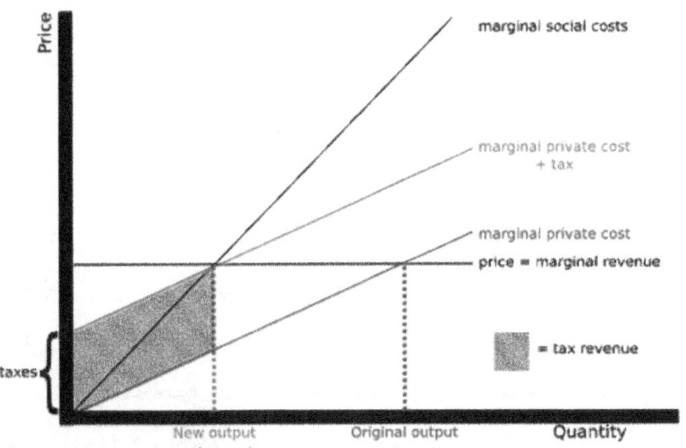

نظرية كاوس عن السوق الحر

الافتراض هو أن هناك نهج السوق القائمة على حل المشاكل البيئية. وينصب التركيز هنا على حقوق الملكية لأنها تشعر المالك بأن له الحق في تنظيف البيئة. وبدون حل نزاع حقوق الملكية، سيكون هناك دائما كمية لها أضرار اجتماعيا من التلوث الناتج. لذلك تفسر نظرية كاوس ذلك بأنه طالما أن كلا الطرفين أحرار في المساومة، فإن الضرر النهائي من التلوث يكون مستقلا عن التخصيص الأولي لحقوق الملكية. وبعبارة أخرى، فإن المشكلة ليست أن الملوث يلوث بل أن المشكلة هي أن الملوث والضحية يعتقدان أن موقفهما له ما يبرره. ويفشل السوق في حل المشكلة لأن أحدا أو كلا الطرفين له حقوق الملكية. في هذا التفسير من نظرية كاوس يكون الدور للنظام القانوني في تقرير من يحصل على حقوق الملكية. لأن المفاوضة يفترض أن تكون حرة، لا يهم من يحصل على حقوق الملكية، مجرد تعيين لهم إما الملوث أو الضحية والسماح للعمل في السوق ونحصل على حل فعال. هذا الإصدار من نظرية كاوس يتناسب مع الضرائب والإعانات لحل مشاكل التلوث. وفي هذا فإن فرض ضريبة على الملوثات بشكل صحيح، أو تقديم دعم مناسب على الحد من التلوث سيعطي نفس القيمة النهائية بالضبط من التلوث. الضرائب أو الدعم بمثابة ثمن للتلوث. الحل التفاوضي الكاوسي يفعل الشيء نفسه، إلا أنه يسمح للسوق لتحديد سعر للتلوث. وبهذا يحل اقتصاد السوق

المشكلة.

السوق العادلة

تحاول نظرية كاوس توضيح الظروف التي قد تؤدي المفاوضات أو قد لا تحل نزاع حقوق الملكية بكفاءة. هذا يبقي حقيقة أن اقتصاد السوق يمكنه حل مشكلة التلوث بكفاءة تكاليف المعاملات. وفي وجود تكاليف المعاملات، فإن القيمة النهائية للتلوث تعتمد على الأغراض الأولية لحقوق الملكية. وينصب التركيز هنا على تكاليف المعاملات. وهذا هو أي عائق للمساومة حيث يتم تعيين الضحية لحق الملكية. في نظرية كاوس للسوق الحر نجد الضحية سوف تكون على استعداد لبيع هذا الحق حتى تعوض الضرر المالي من وحدة واحدة من التلوث التي تساوي بالضبط قيمة التلوث مع تكاليف المعاملات، ويجب على الضحية أيضا استرداد تكاليف المساومة بالإضافة إلى الأضرار. والنتيجة هي أقل من التلوث من دون الحصول على تكلفة المعاملة. ولكن، إذا كان للملوث الحق في الملكية، فإن تكاليف المعاملات تسبب المزيد من التلوث مقارنة حسب السوق الحرة. ونحصل على قيمة مختلفة من التلوث اعتمادا على من يحصل على حقوق الملكية الأولية. والنظام القانوني يكون له أثر أكبر. وتكون النتيجة مائلة الي جانب حق الملكية الأولي. في هذه الحالة، يكون السوق الحرة نتيجة طبيعية من خلال افتراض تكاليف المعاملات. وبذلك فإن نظرية كاوس تركز على حقوق الملكية وتكاليف المعاملات، وعادة ما يتحول النقاش حول ما إذا كان بإمكاننا تحمل تكاليف المعاملات. وتعمل كذلك على عدد من الافتراضات التي يجب النظر فيها قبل التسليم بجدلية السوق الحرة. وفيما يلي مناقشة مختصرة عن اثنين:

نظرية الأثر علي الثروة

في نظرية كاوس المقدمة أعلاه تجاهل احتمال أن النتيجة المساومة يخلق الثروة لصاحب حق الملكية. إذا كان لديه الحق في تنظيف الهواء، فإن أي دخل تلقاه من بيع هذا الحق قد يزيد من الطلب على الهواء النقي والحصول على المزيد من المال من بيع حق تنظيف

الهواء قد يزيد الطلب على الهواء النقي. وبالمثل، قد تؤدي زيادة الأرباح إلى الملوث من بيع حقوق التلوث إلى زيادة الطلب على الملوثات. وعلى غرار حالة تكاليف المعاملات، تعتمد النتيجة النهائية على التخصيص الأولي لحقوق الملكية.

نظرية مجانية استخدام الموارد

زيادة الأرباح من بيع حق الملكية قد تدفع الآخرين إلى الرغبة في الاستفادة. وإذا كانت الشركات حرة في دخول السوق، فإن إسناد حقوق الملكية إلى الشركات وما ينتج عنها من أرباح من بيع تلك الحقوق قد يتسبب في دخول شركات ملوثة أخرى إلى السوق. وبالمثل، فإن تخصيص حقوق الملكية للضحية، وخلق الثروة من خلال المساومة قد يدفع ضحية جديدة لدخول السوق على سبيل المثال، قد ينتقل المزيد من الناس إلى حي ملوث نتيجة لزيادة الثروة من بيع حقوق الملكية. تتناول نظرية كاوس افتراض دخول جديد من قبل كل من الشركات الجديدة والضحايا الجدد. وهناك قضايا أخرى، ولكن هذا هو ما يتم لتقديم نظرية بشكل منفصل عن الحلول الأخرى القائمة على السوق للمشاكل البيئية. وقوة نظرية كاوس هو أنه يركز الاهتمام على الافتراضات اللازمة لجعل العمل القائم على السوق الحر كحل لمشاكل البيئة أو فشله. تأثير زيادة الثروة ليست فريد من نوعه في الحلول التفاوضية: فالضرائب والإعانات لها نفس المشكلة. فالضرائب على التلوث تخلق ثروة محتملة لإعانات الضحايا مما يخلق ثروة للملوث. وإذا تم تعويض الضحايا بالتناسب مع أضرارهم، فإن للضحايا الحافز على تكبد المزيد من الأضرار. وبالمثل، فإن الإعانات تخلق حافزا محتملا للشركات الجديدة لدخول الصناعة الملوثة. الشروط التي تبرز ليست فريدة من نوعها إلى حلول المساومة. وهذا هو الفائدة الحقيقية بدلا من محاولة معرفة كمية مناسبة من التلوث، ونحن نركز الآن اهتمامنا على مجموعة من الظروف التي تساعد أو تعيق الحل القائم على السوق للمشاكل البيئية.

.

مصادر للاطلاع

1. إبراهيم حسين العسل: التنمية في الفكر الإسلامي، المؤسسة الجامعية للدراسات والنشر والتوزيع، الطبعة الأولى 2006.

2. أحمد باشي، دور الجباية في مكافحة التلوث البيئي، مجلة العلوم الاقتصادية وعلوم التسيير، العدد 09، الجزائر 2003.

3. أحمد جامع: النظرية الاقتصادية، دار النهضة العربية القاهرة الجزء الأول.

4. أحمد مندور، أحمد رمضان نعمة الله، اقتصاديات الموارد والبيئة، مؤسسة شباب الجامعة، الإسكندرية 1995.

5. أمين السيد أحمد لطفي، المراجعة البيئية، الدار الجامعية، الإسكندرية 2005.

6. أنطوني فيشر، اقتصاديات الموارد والبيئة، ترجمة عبد المنعم إبراهيم العبد المنعم وأحمد يوسف عبد الخير، دار المريخ، الرياض 2002.

7. إيمان عطية ناصف، محمد فوزي أبو السعود، رمضان محمد مقلد أحمد رمضان نعمة الله: اقتصاديات الموارد والبيئة، الدار الجامعية كلية التجارة، جامعة الإسكندرية 2006م.

8. أيمن سليمان مزاهرة، علي فالح شوابكة: البيئة والمجتمع، دار الشروق للنشر والتوزيع، الطبعة العربية الأولى، 2003م.

9. الحاج حسن، اقتصاديات البيئة، مجلة جسر التنمية، العدد 26، الكويت 2004.

10. حسين علي السعدي: أساسيات علم البيئة و

11. التلوث، دار اليازوري للنشر والتوزيع الطبعة العربية 2006م.

12. دوجلاس موسشيت، مبادئ التنمية المستدامة، ترجمة بهاء شاهين، الدار الدولية للاستثمارات الثقافية، الطبعة الأولى، القاهرة 2000.

13. راتب السعود: الإنسان والبيئة: دار الحامد للنشر والتوزيع الأردن 2004م.

14. رمزي على إبراهيم سلامة، اقتصاديات التنمية، الطبعة الثالثة، منشأة المعارف، الإسكندرية 1990.

15.سالمي رشيد، أثر تلوث البيئة في التنمية الاقتصادية في الجزائر، رسالة دكتوراه، جامعة الجزائر كلية العلوم الاقتصادية وعلوم التسيير، 2005/2006.

16.سامح غرايبية، يحي الفرحان: المدخل إلى العلوم البيئية، دار الشروق للنشر و التوزيع، الطبعة العربية الثالثة، الإصدار الثاني 2002م.

17.صلاح الحجار، التوازن البيئي وتحديث الصناعة، دار الفكر العربي، الطبعة الأولى، القاهرة2003.

18.الطاهر خامرة، المسؤولية البيئية والاجتماعية مدخل لمساهمة المؤسسة الاقتصادية في تحقيق التنمية المستدامة "حالة سوناطراك"، رسالة ماجستير، جامعة قاصدي مرباح، كلية الحقوق والعلوم الاقتصادية، 2006/2007.

19.عادل الشيخ حسين: البيئة مشكلات وحلول، دار اليازوري العلمية للنشر و التوزيع.

20.عامر محمد الطراف: إرهاب التلوث والنظام العالمي: المؤسسة الجامعية للدراسات والنشر والتوزيع بيروت 2002م.

21.علياء حاتوغ بوران، محمد حمدان أبو دية: علم البيئة، دار الشروق للنشر والتوزيع، الطبعة العربية الثانية، الإصدار الرابع 2003م.

22.فتحي دردار، البيئة في مواجهة التلوث، دار الأمل، الجزائر2002.

23.مجلة الوعي البيئي في فعاليات القرية البيئية بالشارقة: العدد 145 إبريل 2004.

24.محمد إبراهيم يسرى دعبس، تلوث البيئة وتحديات البقاء، البيتاش شنتر للنشر والتوزيع، الإسكندرية، 1999.

25.محمد صالح الشيخ: الآثار الاقتصادية والمالية لتلوث البيئة ووسائل الحماية منها، مكتبة ومطبعة الإشعاع الفنية، الطبعة الأولى 2002.

26.نجاة النيش، تكاليف التدهور البيئي وشح الموارد : بين النظرية وقابلية التطبيق في الدول العربية، مجلة جسر التنمية، العدد23، الكويت2004.